KB202186

# 여정

## Season 3. 정도의 차

이엽읜 지음 · 여정리더팀 공동연구

Dear Deer

* 성경 분문은 개역개정판을 사용했습니다.

하나님의 본심을 깨닫고 예수님을 따라가는 성도는 자연스럽게 이웃과 사회, 창조 세계에 관심을 두고 발걸음을 내딛게 됩니다. 코로나 시기에 교회가 세상으로부터 많은 비난을 받았을 때, 아내는 예수님을 사랑하는 사람으로서 이 상황을 어떻게 해석하고 행동해야 할지 깊이 고민했습니다. 그러한 고민 속에서 여정 시즌 3 '성도의 삶'을 이연임 부사장님과 함께 기도하며 개발하였습니다.

모태신앙으로 자라 목회자의 아내가 되었고 아프리카 이슬람권 선교사로도 헌신했지만, 정작 자신의 삶 속에서 하나님을 결정적으로 만난 경험이 있는지를 스스로 회의했던 아내의 질문과 고민은 남편인 저를 곤혹스럽게 만들기도 했습니다. 그런 아내가 여정 시즌 1 '하나님'과 시즌 2 '예수님'을 시작하고 인도하면서, 밤마다 혼자 눈물 흘리며 하나님의 사랑을 새롭게 경험하는 모습을 가까이에서 지켜볼 수 있었습니다.

이제 여정 시즌 3 '성도의 삶'이 교회 생활을 넘어, 각자가 받은 고유한 부르심을 따라 세상을 놀라게 하는 성도의 삶, 진정한 예수운동에 귀하게 쓰이길 기대합니다.

김대훈 (라이트하우스오두막교회 목사, 여정 리더 정은진의 남편)

Sola Scriptura – 오직 성경! 성경의 절대적 권위를 강조하는 종교개혁자들의 이 말을 살짝 비껴 생각해 보면, 그 시대에는 성경만큼(혹은 그 이상)의 권위를 가진 무언가가 있었다는 것을 짐작할 수 있습니다. 청년 시절, 저는 그것을 '교회의 전통'이라고 배웠습니다. 종교개혁은 이에 대한 저항이었고, 그들은 프로테스탄트(Protestant)라는 이름을 갖게 되었죠.

마음 아프게도, 종교개혁의 후예를 자처하는 한국교회는 오늘도 '전통'을 쌓아 올립니다. 욕망, 성공, 차별, 혐오... 최근에는 무속까지 말씀과 버무립니다. 가끔 '당시 가톨릭교회도 이 정도는 아니지 않았을까?' 하는 망측한 상상을 할 정도입니다. 저는 '여정'을 이런 현실에 대한 저항으로 이해합니다.

성경의 진리는 모든 시대를 아우르지만, 일차적으로는 기록 당시의 사람들을 대상으로 쓰였습니다. 그래서 그 간격을 좁히는 접근이 필요합니다. 하지만 우리의 풍성한 '전통'은 이것도 어렵게 합니다. 여정의 책자에서 말씀의 본질을 지금의 언어로 더 잘 나누고 싶어 하는 마음을 읽었습니다. 그래서 저는 여정을 '오직 성경'을 실천하는 노력으로 인식합니다. 앞으로도 날마다 개혁되는 교회로서의 여정을 기대하고 소망합니다.

최호준 (서울 화성교회 집사, 여정 리더 남상은의 남편)

우리는 신앙의 여정 가운데 때로는 방향을 잃기도 하고 익숙함에 머물러 있을 때가 있습니다. 이때 예수님의 시선으로 세상을 바라보는 눈을 키우는 것이 중요합니다. 영적인 시력을 다시 교정하는 것이죠. 여정 시즌 3 '성도의 삶'은 주님의 눈으로 온전히 바라보지 못하는 우리의 영적인 시력을 교정해 줍니다.

이 책은 단순히 지적인 내용을 전달하는 책이 아니라, 오늘을 살아가는 그리스도인들에게 망가진 이 세상을 예수님의 시선으로 바라보도록 도와줍니다. 또한 삶의 자리에서 하나님의 통치를 통해 하나님 나라를 경험하도록 합니다.

이 책을 읽으시는 모든 분은 이론이 아닌 길을 발견하게 될 것입니다. 그리고 각 장을 읽다 보면, 성도의 삶의 방향이 뚜렷하게 보이게 될 것입니다. 말씀을 시대적으로, 문화적으로 이해하고 해석함으로 그동안 평면적으로 보았던 말씀을 조금 더 입체적으로 바라보고 생각하게 도와줍니다.

여정 모임을 하며 아내는 매일의 말씀을 자신의 삶에 새롭게 적용하고, 말씀을 들고 세상으로 나갔습니다. 예전에 경험했던 역사 속 은혜가 아닌, 매일 새로운 예수님을 만나는 모습에 놀랐습니다. 더 이상 책 속에 있는 말씀이 아닌, 살아 움직이는 말씀을 경험하는 것 같았습니다. 더불어, 함께 여정 모임을 하는 사람들이 어떻게 함께 경험한 말씀을 나누는지 듣는 것은 놀라운 은혜의 여정을 함께 걷는 아름다운 공동체를 엿보는 것 같았습니다.

이 책을 통해 주님과 함께 걸어가는 여정 속에 기쁨과 은혜가 충만하기를 축복하고 기대합니다. 더불어 이 책을 들고 삼삼오오 모이는 모든 모임 가운데 그리스도의 향기가 흘러가게 되길 기대합니다!

박종만 (대전중앙교회 목사, 여정 리더 김지연의 남편)

아내 이연임은 참으로 부지런한 사람입니다. 하루하루, 시간을 분 아니 초 단위로 쪼개서 쓰는 사람입니다. 아내의 일상을 보노라면 '청지기'라는 단어가 생각납니다. 하나님이 아내에게 주신 시간, 힘, 은사 등을 매번 그분이 보내신 사람들에게 그리고 그분이 맡기신 일에 요긴하게 사용합니다.

2020년 초에 리얼워크를 창업하고 비즈니스 자체를 유지하고 성장시키기도 쉽지 않았을 텐데, 그해 가을 정은진 소장님과 함께 여정 성경공부를 기획하고 첫발을 내디뎠습니다. 아내는 매주 여정 모임을 위한 메시지를 준비하며 제 서재에 있는 다양한 책들을 빌려 갔습니다. 하나의 성경 본문을 여러 번역본으로 읽고, 관련 주석서 또한 여러 버전을 함께 참고하는 모습을 통해 말씀을 전하는 이로서의 강한 책임감과 의지를 엿볼 수 있었습니다.

특히, 아내가 2024년 한 해 동안 낸 두 권의 책, 여정 시즌 1 '하나님', 여정 시즌 2 '예수님'을 검토하며 들었던 생각은 아내는 '지금 이 시대 젊은 크리스천들에게 추천하고 싶은 사람'이라는 것입니다. 매 순간 비즈니스 현장에서 탁월한 경영인으로 치열하게 살아가며, 동시에 매 순간 말씀을 묵상하고 연구하며 그녀에게 맡겨주신 다른 이들을 말씀으로 양육하며 세워가는 모습, 그리고 그 모든 순간 마음의 중심에 '하나님의 심정'이 잘 자리하고 있는 모습. 비즈니스 세계를 살아가는 예수의 제자요 하나님 나라 백성의 좋은 모델이 아닐까 싶습니다.

이제 시즌 3 '성도의 삶' 원고를 읽으며 얼굴에 흐뭇한 미소를 짓습니다. 아내의 일상을 잘 아는 사람이기에 공감, 직면, 겸손, 보호, 긍휼, 나눔, 은혜, 충성 등 이 내용을 다루기 참으로 적절한 사람이라는 생각이 듭니다. 한국교회 성도님들께 이 책을 추천드리며, 한편으로 한국교회 안에 정은진 소장님, 아내, 그리고 여정의 여러 리더들과 같은 더 많은 건강한 여성 리더가 세워지길 소망합니다.

이다니엘 (IBA 사무총장, 여정 저자 이연임의 남편)

# 들어가는 글

## 여정 시즌 3을 시작한 계기

여정 시즌 3을 시작하게 된 계기는 코로나 시기로 거슬러 올라갑니다. 당시 뉴스에서는 예수님의 이름이 조롱과 모욕을 당하는 장면이 자주 등장했습니다. "왜 예수 믿는 사람들은 저럴까?"라는 비난의 목소리가 공공연히 오갔고, '예수'라는 이름은 부정적인 맥락에서 자주 거론되었습니다. 예수님의 이름이 이토록 훼손되는 것을 지켜보며, 그리스도인으로서 무엇을 해야 할지 고민하게 되었습니다.

그때 문득 성경 속의 한 장면이 생각났습니다. 예수님께서 모욕당하던 자리에서 그분께 향유를 부었던 한 여인의 행동입니다. 그녀는 사람들의 시선을 두려워하지 않고, 예수님께 다가가 자신의 사랑과 헌신을 온전히 표현했습니다. 그것은 의례적인 행동이 아니라, 예수님과의 깊은 관계에서 흘러나온 자연스러운 행동이었습니다.

"너는 내게 발 씻을 물도 주지 않았지만 그러나 그녀는 내 발을 그의 눈물로 적시고 내 발을 그 머리카락으로 닦았다." 누가복음 7:44

이 장면을 묵상할 때, "오늘 누가 예수님께 향유를 붓고자 할까?" "예수님이 이 시대에 마땅한 존귀와 영광을 받으시려면 그리스도인은 어떻게 살아가야 할까?"라는 질문이 떠올랐습니다. 그 질문을 깊이 생각하며, '개인의 헌신'을 넘어 세상 속에서 주님의 이름을 아름답게 드러내는 '공동체적 움직임'이 필요하다는 마음이 들었습니다.

## 사회적 통념을 넘는, 주님의 심정에 근거한 성도의 삶

예수님의 이름이 왜곡되고 조롱받는 현실만큼이나 제 마음을 아프게 했던 것은, 그분의 사랑과 진리가 온전히 전해지지 못하고 있다는 사실이었습니다. 복음이 본래의 의미를 잃고 오해 속에 갇히는 모습을 보며, 그리스도인의 한 사람으로서 어떤 책임감을 느꼈습니다.

성경을 보면 예수님은 당시 사회의 고정관념을 과감히 깨뜨리셨습니다. 죄인들과 식탁을 나누셨고, 금기시된 여성들과 대화를 나누셨으며, 사회적 약자들에게 새로운 정체성을 선포하셨습니다. 사람들은 이런 예수님의 행보를 이해하지 못했고, 사회적 통념에 어긋난다며 비난했습니다. 오늘날 우리도 예수님의 가르침과 삶을 그대로 따르려 할 때, 사회의 기대와 충돌하는 도전을 마주해야 할지도 모릅니다.

우리는 수많은 '당연한 것들' 속에서 살아갑니다. "여성은 이래야

한다." "부모라면 이렇게 해야 한다." "사역자 가정이니까 이런 모습을 보여야 한다." 이런 사회적 기대와 요구는 우리를 끊임없이 규정하고 제한하려 합니다. 그러나 이를 무작정 반발하거나 거부하는 것이 해답은 아닙니다.

진정 중요한 것은 예수님의 말과 행동 속에서 하나님의 심정을 발견하는 것입니다. 사회의 기준으로 나와 타인을 판단하는 대신, 예수님께서 보여주신 하나님의 마음으로 우리가 당연하게 여긴 것을 다시 살펴보아야 합니다. 이러한 마음의 변화가 바로 성도의 삶의 시작입니다.

『세상을 놀라게 하라』의 저자 마이클 프로스트는 로마제국을 뒤흔든 초대교회 그리스도인들의 두 가지 삶의 방식을 들려줍니다. 하나는 베드로와 바울 같은 복음 전도자와 변증가들이 복음을 직접 전파하는 삶을 산 방식입니다. 다른 하나는 많은 성도가 사회 각 분야에 스며들어 궁금증을 유발하는 삶을 살아서 사람들이 복음에 관해 호기심을 보이도록 한 방식입니다.

이러한 성도들의 삶은 당시 로마 사회의 상식을 완전히 뒤엎었습니다. 그들은 가난한 자들을 먹이고 모든 나그네를 환대했습니다. 노예의 신분을 따지지 않고 형제자매로 품었으며, 민족의 경계를 넘어 누구와도 교제했습니다. 남녀의 평등한 관계와 가정의 화목을 실천했습니다. 그들의 삶은 그 자체로 로마 사회에 던진 강력한 도전이었고, 사람들은 깊은 궁금증을 품게 되었습니다.

오늘날 우리의 삶은 어떤가요? 사람들에게 궁금증을 일으키고 있나요? 사람들은 우리를 보며 "도대체 왜 저렇게 살아가지?"라고 질문하나요? 예수님께서 사회적 통념을 뛰어넘어 사랑과 긍휼로 응답하셨듯이, 우리도 그분을 통해 드러난 하나님의 심정을 품고 살아가는 것. 이것이 바로 여정 시즌 3이 여러분을 초대하는 새로운 여정입니다.

## 여정 시즌 3의 주제와 기대

여정 시즌 3에서는 우리가 예수님의 삶과 가르침을 따라 일상을 어떻게 살아갈 수 있을지 함께 고민합니다. 예수님을 깊이 누리고 (향유하고), 그분의 사랑을 받은 우리가 세상 속에서 그 사랑을 어떻게 흘려보낼 것인가(향유를 붓는가)에 관한 질문을 던집니다.

나는 예수님을 얼마나 깊이 향유하고 있는가?
내가 받은 그분의 사랑과 긍휼을, 어떻게 향유를 붓듯 나눌 것인가?

이번 시즌의 핵심은 세상의 기준에 맞서거나 반발하는 것이 아니라, 그 기준을 뛰어넘는 하나님의 마음을 발견하고 그 안에서 자유롭게 살아가는 것입니다. 예수님께서는 세상이 죄인이라 낙인 찍은 여인을 정죄하지 않으시고 그녀가 향유 부은 일을 기뻐하셨습니다. 그녀의 사랑을 있는 그대로 받아들이시고 그 사랑이 낭비가 아니라 온전한 헌신임을 선포하셨습니다. 마찬가지로 우리도 예수님의 사랑과 그분과의 관계를 깊이 누리고, 그 사랑을 담대히 표현하는 삶을 배우고자 합니다.

## 여정 시즌 3의 구성

여정 시즌 3은 크게 두 부분으로 이루어져 있습니다.

### Part 1: 사회적 통념을 넘은 파격적 움직임

예수님은 당시 사회가 만든 장벽을 뛰어넘으셨습니다. 특히, 사회적 약자로 여겨졌던 여성들을 대하시는 모습은 기존의 통념을 깨뜨리는 것이었습니다. 향유를 부은 여인, 사마리아 우물가의 여인, 수로보니게 여인, 간음 중에 끌려온 여인의 이야기 속에서 예수님의 파격적인 행보와 그 안에 담긴 하나님의 마음을 발견합니다. 예수님은 이들과의 만남을 통해 하나님 나라가 어떻게 임하는지를 보여주셨습니다. Part 1에서는 예수님의 시선으로 세상을 바라보고, 그 사랑을 실천하는 삶이 무엇인지 탐구합니다.

## Part 2: 하나님 나라를 누리는 본질적 움직임

예수님께서 말씀하신 선한 사마리아인, 어리석은 부자, 포도원 주인, 귀인과 열 므나의 비유를 통해 하나님 나라의 핵심 가치와 그 삶의 방식을 배웁니다. 예수님은 '하나님 나라를 실제로 살아가는 삶이 어떤 모습인지'를 가르치셨습니다. Part 2에서는 오늘 우리의 삶 속에서 하나님의 통치를 어떻게 경험하고 하나님의 나라를 넓힐지 모색합니다.

각 장의 마지막에 담긴 Abby's Question은 그 장의 내용을 자신의 삶과 연결해 바라보게 하는 질문입니다. 잠깐 멈춰 서서, 마음에 가장 먼저 떠오르는 생각을 적고 나눠보세요.

이 책을 통해 예수님의 혁명적인 사랑과 진리를 더 깊이 이해하고, 그 사랑과 진리를 일상의 매 순간에서 향유처럼 부어내는 삶을 살아가면 좋겠습니다.

— 지은이 이연임(Abby)

# 목차

## Part 2. 하나님 나라를 누리는 본질적 움직임

너희는
세상의
소금이니...

마 5:13

asaph기

PART 1.

---

사회적 통념을 넘는
파격적 움직임

Chapter 1.

# 공감,
# 향유 부은 여인

··· 울며 눈물로 그 발을 적시고  자기 머리털로 닦고  그 발에 입맞추고 향유를 부으니    눅7:38

20

## 1. 당시 손님을 환대하는 문화와 관습

여러분은 집에 손님이 오면 제일 먼저 무엇을 하시나요? 보통 문을 열며 "어서 오세요!"라고 반갑게 맞이하지요. 손님을 대문 앞에서 한참 기다리게 하거나, 들어오든지 말든지 하며 신경도 안 쓰는 경우는 상상하기 어렵습니다. 들어오는 손님을 따뜻하게 맞이하며 차 한 잔을 건네고 이야기꽃을 피우는 것이 자연스러운 우리의 모습일 것입니다.

시대와 장소를 막론하고 손님을 환대하는 기본예절은 어느 문화에나 존재합니다. 예수님 당시 유대 사회에서도 손님 접대는 매우 중요한 덕목이었습니다. 당시 유대인들은 손님을 맞이할 때 세 가지 기본 예를 갖췄습니다. 첫째, 손님을 환영하는 마음을 담아 뺨에 입맞춤했습니다. 이는 오늘날 우리가 나누는 따뜻한 악수나 포옹과 같은 의미였습니다. 둘째, 뜨거운 햇살 아래 먼지 날리는 길을 걸어온 손님의 피로를 덜어주고자 발 씻을 물을 내왔습니다. 셋째, 올리브유를 머리에 부었습니다. 올리브유를 붓는 행위는 방문한 손님을 향한 존중과 사랑의 표현이기도 했습니다.

예수님 당시에 손님을 제대로 환대하지 않는 행동은 상대방의 존엄을 훼손하는 매우 중대한 결례로 여겨졌습니다. 그래서 앞서 언급한 기본예절을 생략한다는 것은 손님에 대한 의도적인 무시였

습니다. 또한 유대 사회에는 환대의 대상을 제한하는 엄격한 규율
도 있었습니다. 죄인과의 교제나 식사는 철저한 금기였고, 바리
새인들은 이를 어기는 이들을 율법을 위반한 자로 낙인찍어 비난
했습니다.

이러한 시대적 배경을 이해한다면, 누가복음 7장에 등장하는 향
유 부은 여인의 행동과 예수님의 반응이 얼마나 파격적이고 혁명
적이었는지 더욱 선명하게 다가올 것입니다. 이제 바리새인 시몬
의 집에서 벌어진 놀라운 사건으로 들어가 보겠습니다.

## 2. 바리새인 시몬의 집에서 벌어진 일
### 시몬의 행동: 초대해 놓고 무시하는 태도

누가복음 7:36~38, 44~46

36 한 바리새인이 예수께 자기와 함께 잡수시기를 청하니 이에 바
리새인의 집에 들어가 앉으셨을 때에

37 그 동네에 죄를 지은 한 여자가 있어 예수께서 바리새인의 집에
앉아 계심을 알고 향유 담은 옥합을 가지고 와서

38 예수의 뒤로 그 발 곁에 서서 울며 눈물로 그 발을 적시고 자기
머리털로 닦고 그 발에 입맞추고 향유를 부으니

44 그 여자를 돌아보시며 시몬에게 이르시되 이 여자를 보느냐 내

가 네 집에 들어올 때 너는 내게 발 씻을 물도 주지 아니하였으
되 이 여자는 눈물로 내 발을 적시고 그 머리털로 닦았으며
45 너는 내게 입맞추지 아니하였으되 그는 내가 들어올 때로부터
내 발에 입맞추기를 그치지 아니하였으며
46 너는 내 머리에 감람유도 붓지 아니하였으되 그는 향유를 내 발
에 부었느니라

예수님은 시몬의 초대로 그의 집을 방문하셨습니다. 그러나 시몬
은 손님을 맞이하는 가장 기본적인 예의조차 지키지 않았습니다.
환영의 입맞춤도, 발 씻을 물도, 올리브유도 없었습니다. 시몬은
율법에 정통한 바리새인으로 손님 접대의 예법을 누구보다 잘 알
고 있었기에, 이는 우연한 실수가 아닌 의도적인 무례였습니다.
시몬은 예수님을 손님으로 대우하지 않았습니다. 그의 초대에는
예수님의 권위를 시험하고 판단하려는 숨은 의도가 있었습니다.


**여인의 행동: 무시당하는 예수님을 보고 견딜 수 없는 마음**

한 여인이 예수님이 시몬의 집에 계신다는 소식을 듣고 향유 담긴
옥합을 들고 찾아왔습니다. 성경은 그녀를 '그 동네에 죄를 지은
여자'라고 기록합니다. 이 짧은 표현 속에는 그녀가 겪었을 수많
은 손가락질과 멸시, 고립된 삶의 무게가 담겨있습니다.

그녀의 발걸음에는 오직 한 가지 목적만 있었습니다. 예수님을 뵙는 것이었죠. 문을 들어서는 순간부터 그녀의 시선은 예수님을 향해 고정되어 있었을 가능성이 큽니다. 잔치 자리의 분주함과 시끌벅적한 분위기 속에서도 말이죠.

그녀는 예수님이 모욕당하는 모습을 처음부터 끝까지 지켜보았습니다. 존귀하게 대접받으셔야 할 예수님이 의도적인 무시를 당하는 광경은 그녀의 마음을 찢었습니다. 예수님을 향한 깊은 사랑과 존경이 있었기에 이 상황을 그저 바라만 볼 수는 없었을 겁니다.

하지만 죄인이라 낙인찍힌 그녀는 "왜 예수님을 이렇게 대접합니까?"라고 항변할 수 없었습니다. 대신 뜨거운 눈물을 흘렸습니다. 그 눈물은 무력감과 슬픔, 그리고 예수님을 향한 절절한 사랑이 뒤섞인 것이었습니다.

그녀는 무언가 하지 않을 수 없는 마음으로 그 순간 자신이 할 수 있는 최선을 다했습니다. 눈물로 예수님의 발을 적시고, 그 발을 자기 머리털로 닦아드리며, 귀한 향유를 부었습니다. 처음에는 향유만 드리려 했을지도 모르지만, 시몬의 모욕적인 태도를 목격한 후에는 자신의 전부를 바쳐 예수님을 섬기고자 했습니다.

이는 그녀에게 엄청난 대가를 요구하는 행동이었습니다. 공석에서 머리를 푸는 것은 당시 여성에게 금기된 행위였고, 값비싼 향유를 쏟아붓는 것은 큰 재물을 헌납하는 것과 같았습니다. 그러나 그녀는 모든 비난과 사회적 금기를 무릅쓰고, 자신의 모든 것을 예수님께 드렸습니다.

그녀의 행동은 한낱 감정의 표출이 아니었습니다. 그것은 예수님을 향한 순수한 사랑의 고백이자, 마땅히 그분이 받으셔야 할 영광을 회복하게 하려는 간절한 마음의 표현이었습니다.

## 시몬의 반응: 자기 관점으로 예수님과 여인을 평가

> 누가복음 7:39
> 예수를 청한 바리새인이 그것을 보고 마음에 이르되 이 사람이 만일 선지자라면 자기를 만지는 이 여자가 누구며 어떠한 자 곧 죄인인 줄을 알았으리라 하거늘

여인이 예수님께 향유를 부으며 자신의 마음을 쏟아내는 그 순간에도 시몬의 눈빛은 차갑기만 했습니다. 그는 이미 예수님에 관한 판단을 내린 상태였기에 눈앞에서 펼쳐지는 장면을 있는 그대로 보지 못했습니다. 그의 마음속에는 '선지자는 죄인들과 어울리지

않는다'라는 완고한 신념이 자리 잡고 있었습니다. 그의 눈에 예수님은 경건한 유대인도, 하나님의 선지자도 아닌 그저 자신의 기준에서 한참 벗어난 사람이었습니다.

여인의 행동을 지켜보던 시몬은 머릿속으로 '진정한 선지자라면 저 여자가 어떤 죄인인지 즉시 알았을 것이다. 저런 부적절한 행동을 절대 용납하지 않았을 것이다'라고 쉽게 결론 내렸습니다. 그는 예수님께서 여인의 행동을 받아들이는 모습을 보며, 자신의 판단이 옳았다고 더욱 확신했을 것입니다.

시몬은 여인이 한 행동의 진정한 의미를 전혀 알지 못했습니다. 왜 그녀가 그런 행동을 했는지, 무엇을 경험했기에 예수님께 그렇게 헌신적으로 다가갔는지는 안중에 없었습니다. 그는 그녀에게 단지 '죄인'이라는 딱지를 붙인 채, 그녀의 진실한 행동을 무가치한 것으로 치부해 버렸습니다. 더 나아가 이런 여인을 받아들이는 예수님마저 깎아내렸습니다.

당시 유대 사회에서 죄인들과 교제하는 것은 엄격한 금기였습니다. 바리새인 시몬은 이 규율을 자신의 정체성처럼 여기며 살았을 것입니다. 그렇기에 죄인인 그녀를 외면하지 않고 받아들이는 예수님의 모습을 도저히 이해하기 어려웠습니다.

예수님은 죄인을 사랑하시고 용서하시는 하나님의 참모습을 보여 주셨지만, 바리새인들의 굳어진 마음은 이를 받아들일 수 없었습니다. 그들에게 하나님은 오직 율법을 완벽하게 지키는 의인만을 돌보시는 분이었기 때문입니다. 여기에 갇힌 시몬은 예수님의 행동을 이해하기는커녕, 오히려 비난의 대상으로 삼았습니다.

## 예수님의 반응: 아버지 마음으로 여인을 보호하고 돌보심

누가복음 7:40~50

40  예수께서 대답하여 이르시되 시몬아 내가 네게 이를 말이 있다 하시니 그가 이르되 선생님 말씀하소서

41  이르시되 빚 주는 사람에게 빚진 자가 둘이 있어 하나는 오백 데나리온을 졌고 하나는 오십 데나리온을 졌는데

42  갚을 것이 없으므로 둘 다 탕감하여 주었으니 둘 중에 누가 그를 더 사랑하겠느냐

43  시몬이 대답하여 이르되 내 생각에는 많이 탕감함을 받은 자니이다 이르시되 네 판단이 옳다 하시고

44  그 여자를 돌아보시며 시몬에게 이르시되 이 여자를 보느냐 내가 네 집에 들어올 때 너는 내게 발 씻을 물도 주지 아니하였으되 이 여자는 눈물로 내 발을 적시고 그 머리털로 닦았으며

45  너는 내게 입맞추지 아니하였으되 그는 내가 들어올 때로부터 내 발에 입맞추기를 그치지 아니하였으며

46  너는 내 머리에 감람유도 붓지 아니하였으되 그는 향유를 내 발

에 부었느니라

47 이러므로 내가 네게 말하노니 그의 많은 죄가 사하여졌도다 이
는 그의 사랑함이 많음이라 사함을 받은 일이 적은 자는 적게
사랑하느니라

48 이에 여자에게 이르시되 네 죄 사함을 받았느니라 하시니

49 함께 앉아 있는 자들이 속으로 말하되 이가 누구이기에 죄도 사
하는가 하더라

50 예수께서 여자에게 이르시되 네 믿음이 너를 구원하였으니 평
안히 가라 하시니라

시몬이 편견의 눈으로 상황을 재단할 때, 예수님은 전혀 다른 시
선으로 그 자리를 바라보고 계셨습니다. 예수님은 그 시대의 모든
관습과 편견을 뛰어넘어, 한 영혼의 진실한 마음을 온전히 받아들
이셨습니다.

주목할 점은 예수님이, 보통의 유대인라면 했을 법한 그 어떤 말
과 행동도 하지 않으셨다는 겁니다. '이런 행동이 적절치 않다'라
거나 '이는 옳지 않은 일'이라는 식의 말씀도, 여인의 행동을 제지
하시는 모습도 없었습니다.

머리카락으로 발을 닦는 행위는 당시로서는 상상조차 할 수 없는

파격적인 모습이었습니다. 그러나 예수님은 이 사회적 금기를 깨뜨린 행동조차 거부하지 않으셨습니다. 그녀의 깊은 사랑과 헌신의 의미를 온전히 이해하고 계셨기 때문입니다.

지금부터는 예수님이 여인의 행동에 반응하는 순서를 하나하나 살펴보겠습니다.

## 시몬을 바라보며 시몬에게 먼저 말씀하심

예수님은 이 예사롭지 않은 상황에서 초대자인 시몬에게 먼저 말씀을 건네셨습니다. 이는 당시 사회적으로 발언권조차 없는 절대적 약자인 여인을 처음부터 직접 대면하는 대신, 시몬과의 대화를 통해 그녀를 보호하고자 하셨습니다.

예수님은 시몬에게 한 가지 비유를 들려주셨습니다. "빚을 탕감받은 두 사람이 있었는데, 한 사람은 500 데나리온을 빚졌고 다른 사람은 50 데나리온을 빚졌다. 둘 다 갚을 수 없어서, 빌려준 사람이 두 사람 모두 탕감해 주었다면, 둘 중에 누가 그를 더 사랑하겠느냐?"라고 물으시며 시몬이 스스로 판단하게 하셨습니다.

시몬은 "더 많이 탕감받은 사람이 더 사랑하겠지요"라고 답했습니다. 이는 겉으로는 논리적인 대답처럼 보이지만, 실제로는 자신의 교만함을 무너뜨리는 고백이 되었습니다. 예수님은 이 대화를 통해 여인에 대한 비난을 효과적으로 차단하면서, 동시에 시몬의 마음속에 깨달음의 씨앗을 심으셨습니다.


## 여인 쪽으로 돌아보시며 시몬에게 다시 말씀하심

비유를 마치신 후, 예수님은 몸을 돌려 여인을 바라보시며 시몬에게 다시 말씀하셨습니다. 이 몸짓 하나하나가 깊은 의미를 담고 있었습니다. 여인을 바라보는 예수님의 시선에는 그녀의 존엄성을 인정하는 따뜻함이 담겨있었고, 시몬을 향한 말씀에는 날카로운 진리가 담겨있었습니다.

"이 여자를 네가 보느냐? 내가 네 집에 들어올 때 너는 나에게 발 씻을 물도 주지 않았지만, 이 여인은 눈물로 내 발을 적시고 머리털로 닦았다. 너는 내게 입 맞추지 않았지만, 이 여인은 내가 들어올 때부터 내 발에 입 맞추기를 그치지 않았다. 너는 내 머리에 감람유도 붓지 않았지만, 이 여인은 향유를 내 발에 부었다."

이 말씀은 치밀한 구조로 이루어진 변호였습니다. 예수님은 시몬과 여인의 행동을 날카롭게 대조하며, 시몬이 행하지 않은 환대의 예절을 여인이 대신 행했음을 강조하셨습니다. 이는 시몬의 잘못을 지적하는 것을 넘어, 여인의 행동을 정당하고 가치 있다고 인정하며 그녀를 보호하는 강력한 말씀이었습니다. 예수님은 시몬의 편견과 교만을 깨뜨리시는 동시에, 여인의 깊은 사랑과 헌신을 공개적으로 인정하고 옹호하셨습니다.


## 여자에게 직접 말씀하심

"네 죄가 사함을 받았느니라." 이 말씀은 그녀의 삶을 완전히 뒤바꾸는 말씀이었습니다. '죄인'이라는 낙인은 그녀에게 그저 붙여진 수식어가 아니었습니다. 그것은 존재 자체를 부정하는 무거운 족쇄였고, 모든 일상을 규정짓는 무서운 그림자였습니다.

매일 같이 마주하는 손가락질, 등 뒤에서 들려오는 수군거림, 마주칠 때마다 돌아서는 차가운 눈길들. 그녀는 한 번도 '용서받을 수 있는 존재'로 여겨진 적이 없었습니다. 종교 지도자들의 율법과 사회의 규율 속에서 그녀는 영원히 부정한 존재로 분류되었습니다.

하지만 예수님은 그 여인을 바라보며, 첫 마디로 "네 죄가 사함을 받았다." 말씀하셨습니다. 이는 그녀가 더 이상 '죄인'이라는 이름으로 불리지 않아도 된다는 뜻이었습니다. 이 한마디는 그녀의 삶에서 가장 무겁게 자리 잡고 있던 낙인을 완전히 깨뜨리는 말씀이었습니다.

## 사람들의 평가에 휘둘리지 않고 한 사람에게 집중하심

예수님의 선언이 있자마자, 식탁에 앉은 사람들 사이에서 술렁임이 일어났습니다. "이 사람이 누구이기에 죄를 사하는가?"라며 의심하고 비난했습니다. 당시 유대 사회에서 죄를 사하는 권한은 오직 하나님에게만 있는 것으로 여겨졌기에, 예수님의 선언은 그들에게 충격적인 말이었습니다.

그러나 예수님은 이런 반응에 전혀 동요하지 않으셨습니다. '자신이 하나님의 아들이며 죄를 사할 권세를 가진 존재'라는 확신 속에서 예수님은 오직 이 한 영혼에만 집중하셨습니다. 여인을 향한 비난의 시선과 적대감을 기꺼이 자신에게로 돌리며, 오직 여인의 회복과 구원에만 관심을 두셨습니다.

## 여인의 믿음을 확증하심

"네 믿음이 너를 구원하였으니 평안히 가라." 이 마지막 말씀은 그 순간만을 위한 위로나 격려가 아니었습니다. 이는 그녀의 새로운 정체성을 선포하는 말씀이었습니다. 예수님은 그녀를 단지 '죄인'에서 '죄를 용서받은 사람'으로 바꾸는 데 그치지 않으셨습니다. 여인을 '믿음의 여인'이라 부르시며 그녀의 모든 행동을 당시 종교적 상식과 관습을 뛰어넘는 참된 믿음의 표현으로 인정하셨습니다.

특히 주목할 점은 예수님께서 "내가 너를 구원하였다." 대신 "네 믿음이 너를 구원하였다."라고 말씀하신 부분입니다. 이는 '그녀의 믿음이 구원으로 이끄는 역할을 했다'라는 것을 분명히 하는 말씀이었습니다. 예수님은 그 믿음을 높이 평가하며, 그녀의 판단과 선택이 옳았음을 확인해 주셨습니다.

여인의 행동에 대한 예수님의 반응은 당황이나 부정이 아니라 전적인 인정과 변호였습니다. 여인은 예수님이 받으신 모욕을 보고 마음이 아팠으며, 그 아픔을 자기 것으로 느끼며 행동했습니다. 예수님 역시 여인의 깊은 고통과 헌신을 온전히 이해하셨고 그녀를 품어 주셨습니다.

여인의 과감한 행동도, 그 행동을 받아준 예수님의 파격적인 반응도 둘 다 사회적 통념이나 고정관념을 넘어섰습니다. 여인은 예수님이 무례함을 당하는 장면에서 사회적 금기와 체면을 뒤로하고 행동했습니다. 예수님 역시 그녀의 죄와 사회적 낙인이라는 틀을 넘어, 그녀의 마음과 믿음을 있는 그대로 받아주셨습니다.

| | 시몬의 집 안에서 있었던 일 |
|---|---|
| 죄를 지은 여인 | • 예수님을 바라보며, 그가 당하신 무례를 지켜봄<br>• 내 주님이 겪은 일을 보고 속상함과 무력감에 눈물을 쏟음<br>• 눈물로 그분의 발을 닦고 향유를 부음<br>(바리새인이 하지 않은 환대를 대신) |
| 바리새인 시몬 | • 통상적인 손님맞이 의례를 모두 생략함 (의도적 모욕)<br>• 스스로 옳다고 여기는 기준으로 판단함<br>• '선생님'이라 부르지만 마음을 열지 않음 |
| 예수님 | • 사람의 마음과 판단을 다 아시지만 휘둘리지 않으심<br>• 금기와 전통을 넘어 모두에게 하나님 나라를 보이심<br>• 한마디 말도 못한 낙인찍힌 여인을 회복하심 |

## 3. 예수님이 시몬의 집에 오시기 전, 여인에게는 무슨 일이 있었을까?

누가복음 7장을 읽다 보면 '어떻게 이 여인은 예수님을 이렇게 간절히 따라가는 시선을 가지게 되었을까?' '시몬의 집에서 벌어진 이 상황 이전에, 그녀의 삶에는 어떤 일이 있었을까?'라는 질문이 떠오릅니다.

죄인으로 낙인찍혀 늘 소외당하고 무시당하던 그녀에게, 자신과 같은 죄인을 구원하러 오신 예수님이라는 분이 계신다는 소문이 들려왔습니다. '예수님은 그저 "용서한다"라고 말씀만 하시는 분이 아니라 세리와 창녀, 문둥병자와 함께 먹고 마시며 그들과 깊이 교제하셨다'라는 소문이었습니다. 그 복음 안에서 그녀는 '죄인'이 아닌 새로운 자신을 발견했습니다. 죄사함의 선포를 듣고 그녀는 자신을 그분의 눈으로 바라보며 소망을 가졌습니다. 그 깊은 감사와 감격이 그녀의 발걸음을 움직였을 겁니다. 향유 옥합을 손에 들고 시몬의 집을 찾아가 예수님께 향유를 부은 행동은 예수님과의 깊은 교제에서 나오는 진정한 경배였습니다.

이 이야기를 통해 여러분에게 던지고 싶은 질문은 '무엇을 깨뜨릴 것인가?'가 아닙니다. '어떤 귀한 것을 드려야 할까?'를 묻고 싶은 것도 아닙니다. 진정으로 궁금한 것은 '여러분과 예수님 사이에는 어떤 이야기가 있는가?'입니다. 만약 예수님이 지금 여러분 앞에 계신다면, 여러분의 눈은 그분을 따라가고 있을까요? 예수님이 무례한 대우를 받으시고, 그분의 마음이 왜곡되어 전해지는 상황을 본다면 여러분의 마음은 아플까요? 이 여인의 이야기를 읽으며 '나는 무엇을 드릴까?'에만 생각이 머무르기보다는, 예수님을 더 깊이 알고 그분의 마음에 한 걸음 더 가까이 다가가는 계기가 되면 좋겠습니다.

# Abby's Question

1. 예수님과 여러분 사이에 있었던 일들을 돌아볼 때, 그분의 사랑과 용서를 깊이 경험했던 순간은 언제인가요? 그 경험이 여러분의 삶에 어떤 변화를 가져왔나요?

2. 예수님을 향한 무례함이나 오해를 마주한 적이 있나요? 그때 여러분은 어떻게 반응했나요?

# Chapter 2

# 직면,
# 사마리아 우물가 여인

또 네게 물을 달라 하는 이가
누구인 줄 알았더라면 요 4:10

이번 장에서는 한 우물가에서 펼쳐진 특별한 만남을 살펴보려 합니다. 이야기를 본격적으로 나누기에 앞서 당시 유대인들이 사마리아인, 특히 사마리아 여인을 바라보던 시선을 알아보고 이해해야 합니다.

## 1. 당시 사마리아인과 사마리아인 여성에 대한 편견

### 유대인의 시각에서 본 사마리아인

유대인에게 사마리아인은 인종적으로도, 종교적으로도 '부정한 자들'이었습니다. 그들은 사마리아인을 '잡종'이라 부르며 멸시했습니다. 사마리아 지역이 앗수르에 멸망한 후, 그곳으로 많은 이방인이 이주했고 그들과의 혼인이 이루어졌습니다. 유대인들은 이를 '민족적 순수성을 잃은 것을 넘은, 신앙적 타락'으로 규정했습니다. 그들 눈에 사마리아인은 '혼혈인이자 이교도'였고, '유대교의 정통성을 배반한 분파주의자'였습니다.

### 사마리아 여성을 향한 차별적 인식

사마리아 여성들은 더욱 가혹한 편견에 시달렸습니다. 당시 유대 사회는 그들을 '태생적으로 부정한 존재'로 낙인찍었으며, 그 존재만으로도 다른 이를 부정하게 만드는 사람으로 여겼습니다. 이는 사마리아 여성과 유대인 사이의 결혼을 원천적으로 막으려는 의도적인 차별이었습니다. 유대인은 이런 사회적 통념 속에서 사마리아 여인들과의 접촉은 물론, 대화조차 금기시했습니다. 경건한 유대인이라면 그들과 마주치는 것 자체를 피해야 했습니다.

## 경건한 유대인의 엄격한 금기

유대인은 사마리아 땅을 밟는 것조차 꺼렸습니다. 그 땅을 밟는 것만으로도 자신이 부정해진다고 여겼기 때문입니다. 그래서 먼 길을 돌아가더라도 사마리아 땅을 피해 다니는 것이 관례였습니다.

이처럼 뿌리 깊은 편견과 차별이 존재하던 시대, 사마리아 땅을 밟는 것조차 터부시하던 상황 속에서 예수님은 어떤 행보를 보이셨을까요? 예수님은 이 견고한 편견과 금기 속에서 어떤 메시지를 전하셨을까요? 이제, 우물가에서 펼쳐진 놀라운 예수님의 행적을 따라가 보겠습니다.

## 2. 금기를 넘어 한 여자가 있는 무명한 자리로 움직이신 예수님

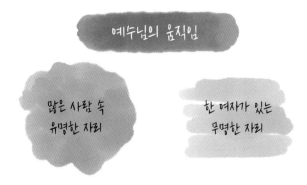

예수님의 움직임

많은 사람 속
유명한 자리

한 여자가 있는
무명한 자리

### 주목받는 자리를 떠나 무명한 우물가로

요한복음 4:1~4

1  예수께서 제자를 삼고 세례를 베푸시는 것이 요한보다 많다 하는
   말을 바리새인들이 들은 줄을 주께서 아신지라

2  (예수께서 친히 세례를 베푸신 것이 아니요 제자들이 베푼
   것이라)

3  유대를 떠나사 다시 갈릴리로 가실새

4  사마리아를 통과하여야 하겠는지라

예수님은 유대에서 갈릴리로 가시는 길에 사마리아를 통과하며,
"나는 사마리아를 통과하여야 하겠는지라"라고 말씀하셨습니다.
이는 깊은 의미가 담긴 걸음이었습니다. 사마리아 땅을 부정한 곳
으로 여겨 돌아가는 유대인의 관례를 깨고, 예수님은 모든 편견과

금기를 뛰어넘어 그 길을 가셨습니다.

당시 예수님은 유대에서 큰 주목을 받고 계셨습니다. 예수님에 관한 소문이 바리새인들의 귀에까지 들어갈 정도였습니다. 예수님이 가는 곳마다 사람들이 몰려들었고, 그분의 일거수일투족이 화제가 되었습니다.

하지만 예수님은 그 인기와 주목을 뒤로하고 사마리아로 발걸음을 옮기셨습니다. 수가라 하는 동네의 한 우물가에 이르러 피곤하여 앉으셨을 때, 정오쯤 한 사마리아 여인이 물을 길으러 왔습니다. 예수님은 그녀에게 "물을 좀 달라"고 말씀하셨습니다.

우리는 이 장면에서 예수님이 사마리아로 가신 이유를 발견할 수 있습니다. 예수님은 군중의 환호와 관심이 가득한 자리에서 말씀하시며 유명세를 유지할 수도 있었습니다. 그러나 그분은 모든 것을 뒤로하고 아무도 주목하지 않는 한적한 우물가, 그 무명한 자리로 옮기셨습니다. 그곳에는 단 한 사람, 예수님이 누구신지조차 모르는 한 여인만이 있었습니다.

사마리아 여인에게 예수님은 그저 낯선 유대인일 뿐이었습니다. 여인은 "당신은 누구신가요?"라고 물을 수밖에 없었습니다. 예수님은 자신을 알지도 못하고 환영하지도 않는 이 한 영혼이 있는 자리를 일부러 찾아가셨습니다. 수많은 사람 앞에서 큰 영향력을 발휘할 수 있는 자리 대신, 예수님은 그분이 절실한 한 영혼에게 다가가는 길을 선택하셨습니다.

## 금기 아닌 '진리를 따르는 의지적 결단'

예수님은 지나가다 보니 사마리아에 다다른 것이 아닙니다. 사마리아로 가겠다 결정하시고 그곳으로 가신 겁니다. 이는 진리를 따르려는 예수님의 분명한 의지를 보여줍니다. 땅 자체가 부정하다고 여겨진 사마리아의 사람들, 특히 사마리아 여인과의 접촉은 경건한 유대인에게 상상조차 할 수 없는 일이었기 때문입니다.

## '주는 자'인 동시에 '받는 자'가 되신 예수님

요한복음 4:5~8

5  사마리아에 있는 수가라 하는 동네에 이르시니 야곱이 그 아들 요셉에게 준 땅이 가깝고

6  거기 또 야곱의 우물이 있더라 예수께서 길 가시다가 피곤하여 우물 곁에 그대로 앉으시니 때가 여섯 시쯤 되었더라

7  사마리아 여자 한 사람이 물을 길으러 왔으매 예수께서 물을 좀 달라 하시니

8  이는 제자들이 먹을 것을 사러 그 동네에 들어갔음이러라

예수님은 사마리아 여인에게 "물을 좀 달라."고 먼저 말씀을 건네셨습니다. 유대인 남성이 사마리아 여인에게 말을 거는 것 자체가 파격적인 일이었습니다. 더욱 놀라운 것은 예수님께서 가르치는 자의 교만한 자세가 아닌, 도움을 청하는 겸손한 모습으로 대화를 시작하셨다는 점입니다.

만약 예수님이 "불쌍한 여인이여, 내 말을 들으라"라며 고자세로 가르치려 하셨다면 어땠을까요? 아마도 여인은 마음의 문을 굳게 닫았을 것입니다. 그러나 예수님은 도움받는 자리에 일부러 서서 여인에게 다가가셨습니다.

예수님은 이 만남을 '주고받음의 균형' 속에서 시작하셨습니다. 이는 일방적 호의가 아닌, 서로를 이해하고 관계 맺고자 하는 초대의 메시지였습니다. 이러한 태도는 여인에게 '나는 당신을 한 인격체로 존중합니다'라는 메시지를 전했을 것입니다.

## 상황과 형편에 따라 이루어진 대화

요한복음 4장의 사마리아 여인의 이야기는 3장의 니고데모와의 만남과 흥미로운 대조를 이룹니다. 니고데모는 밤중에 찾아온 유대인의 지도자였고, 사마리아 여인은 한낮에 우물가에서 만난 무명의 여인이었습니다.

니고데모에게 예수님은 "사람이 거듭나지 아니하면 하나님의 나라를 볼 수 없느니라"(요 3:3)라는 깊은 영적 진리를 말씀하셨습니다. 반면 사마리아 여인에게는 "물을 좀 달라"는 일상적인 요청으로 대화를 시작하셨습니다. 이러한 차이는 예수님께서 각 사람의 상황과 필요에 맞춰 다가가셨음을 보여줍니다.

## 3. 예수님과 함께 회피 대신 직면을 선택한 사마리아 여인

예수님과 사마리아 여인의 대화는 세 가지 주제로 흘러갑니다. 물에 관한 이야기로 시작하여 남편에 관한 이야기로 이어지고, 마지막에는 예배에 관한 깊은 대화로 나아갑니다. 이 과정에서 예수님은 자신을 점차 드러내실 뿐 아니라, 여인이 진정한 갈망과 내면의 문제를 마주하도록 도우셨습니다.

예수님과 사마리아 여인의 대화를 하나하나 살펴봅시다.

### 첫 번째 대화: 물 이야기

요한복음 4:9~15

9  사마리아 여자가 이르되 당신은 유대인으로서 어찌하여 사마리아 여자인 나에게 물을 달라 하나이까 하니 이는 유대인이 사마리아인과 상종하지 아니함이러라

10 예수께서 대답하여 이르시되 네가 만일 하나님의 선물과 또 네게 물 좀 달라 하는 이가 누구인 줄 알았더라면 네가 그에게 구하였을 것이요 그가 생수를 네게 주었으리라

11 여자가 이르되 주여 물 길을 그릇도 없고 이 우물은 깊은데 어디서 당신이 그 생수를 얻겠사옵나이까

12 우리 조상 야곱이 이 우물을 우리에게 주셨고 또 여기서 자기와 자기 아들들과 짐승이 다 마셨는데 당신이 야곱보다 더 크니이까

13 예수께서 대답하여 이르시되 이 물을 마시는 자마다 다시 목마르려니와

14 내가 주는 물을 마시는 자는 영원히 목마르지 아니하리니 내가 주는 물은 그 속에서 영생하도록 솟아나는 샘물이 되리라

15 여자가 이르되 주여 그런 물을 내게 주사 목마르지도 않고 또 여기 물 길으러 오지도 않게 하옵소서

첫 번째 대화는 물을 매개로 시작합니다.

"물을 좀 달라"는 예수님의 말씀에 여인은 경계와 의아함으로 반응했습니다. 유대인 남자인 그가 사마리아 여자인 자신에게 말을 건다는 것부터 납득이 되지 않았습니다. 예수님은 이런 여인의 마음을 아시면서도 대화를 이어가셨고, 곧바로 하나님의 선물과 자신이 주는 생수에 관해 말씀하셨습니다.

물 이야기
마실 물 vs. 생수 → 좁혀지지 않는 간격

| 여자에게 | 예수님에게 |
|---|---|
| **예수님은?**<br>사마리아 여자인 나에게<br>말을 거는 이상한 유대인 | **여자는?**<br>사마리아 여자를 넘어<br>생수를 주고 싶은 사람 |
| **물은?**<br>"그런 물을 내게 주사 목마르지도<br>않고 또 여기 물 길으러 오지도<br>않게 하옵소서"<br>→ 마실 물 | **물은?**<br>여자가 알았다면 달라고 구했을 물,<br>영원히 목마르지 않을 물, 여자 안에서<br>영생하도록 솟아나는 샘물이 될 물<br>→ 생수이신 그리스도 |

하지만 여인은 이 말씀을 전혀 이해하지 못한 채, "그 물을 내게 주셔서 목이 마르지 않고, 다시는 물을 길으러 오지 않게 해달라"고 요청했습니다. 이 첫 대화에서 여인과 예수님 사이의 간격은 뚜렷합니다. 예수님은 영원한 생수를 말씀하시지만, 여인은 그 뜻을 깨닫지 못하고 자신의 관점에만 머물러 있습니다.

### 세 번째 대화 : 예배 이야기

요한복음 4:20~29
20 우리 조상들은 이 산에서 예배하였는데 당신들의 말은 예배할
   곳이 예루살렘에 있다 하더이다

21 예수께서 이르시되 여자여 내 말을 믿으라 이 산에서도 말고 예루살렘에서도 말고 너희가 아버지께 예배할 때가 이르리라

22 너희는 알지 못하는 것을 예배하고 우리는 아는 것을 예배하노니 이는 구원이 유대인에게서 남이라

23 아버지께 참되게 예배하는 자들은 영과 진리로 예배할 때가 오나니 곧 이 때라 아버지께서는 자기에게 이렇게 예배하는 자들을 찾으시느니라

24 하나님은 영이시니 예배하는 자가 영과 진리로 예배할지니라

25 여자가 이르되 메시야 곧 그리스도라 하는 이가 오실 줄을 내가 아노니 그가 오시면 모든 것을 우리에게 알려 주시리이다

26 예수께서 이르시되 네게 말하는 내가 그라 하시니라

27 이 때에 제자들이 돌아와서 예수께서 여자와 말씀하시는 것을 이상히 여겼으나 무엇을 구하시나이까 어찌하여 그와 말씀하시나이까 묻는 자가 없더라

28 여자가 물동이를 버려 두고 동네로 들어가서 사람들에게 이르되

29 내가 행한 모든 일을 내게 말한 사람을 와서 보라 이는 그리스도가 아니냐 하니

예배에 관한 대화는 둘의 마지막 대화로, 여인의 마음이 더 깊이 열리는 순간을 보여줍니다. 여인은 이제 예수님을 '선지자'로 인정하며 "우리는 이 산에서, 당신들은 예루살렘에서 예배해야 한다고 하는데, 어느 것이 옳습니까?"라는 진지한 질문을 던졌습니다.

## 여자의 질문

"주여 내가 보니
선지자로소이다"

"우리 조상들은 이 산에서 예배
하였는데 당신들의 말은 예배할 곳이
예루살렘에 있다 하더이다"

## 예수님의 충실한 대답

"예수께서 이르시되 여자여
내 말을 믿으라 이 산에서도
말고 예루살렘에서도 말고 너희가
아버지께 예배할 때가 이르리라"

"하나님은 영이시니
예배하는 자가 영과
진리로 예배할지니라"

## 믿음의 고백

"내가 행한 모든 일을 내게 말한 사람
을 와서 보라 이는 그리스도가 아니냐"

## 예수님의 선언

"네게 말하는
내가 그라"

예수님은 이 질문에 "장소가 아니라, 영과 진리로 드리는 참된 예배가 중요하다."라고 답하셨습니다. 이 대답은 여인의 오랜 고민을 해소할 뿐만 아니라, 그녀의 영적 시야를 새롭게 열어주었습니다.

여인의 마음과 시야가 열리자, 대화는 본질로 나아갑니다. "메시아가 오시면 모든 것을 알려주실 것"이라는 그녀의 말에 예수님은 자신이 그 메시아라고 밝히시고, 여인은 그 말씀을 온전히 신뢰합니다.

## 간격이 좁혀진 순간: 중간에 무슨 일이 있었을까?

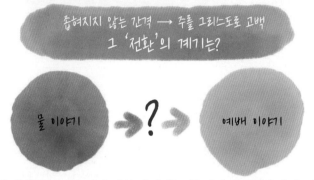

첫 대화에서 예수님과 여인 사이에는 큰 간격이 있었습니다. 예수님의 영적인 진리와 여인의 현실적 이해 사이의 거리는 멀기만 했습니다. 그러나 예배 이야기에 이르러 여인은 예수님의 말씀을 깊이 받아들이고 그분의 메시아이심을 알게 됩니다. 도대체 이 놀라운 변화 사이에 무슨 일이 있었던 걸까요?

## 두 번째 대화: 남편 이야기

요한복음 4:16~19

16 이르시되 가서 네 남편을 불러 오라

17 여자가 대답하여 이르되 나는 남편이 없나이다 예수께서 이르시되 네가 남편이 없다 하는 말이 옳도다

18 너에게 남편 다섯이 있었고 지금 있는 자도 네 남편이 아니니 네 말이 참되도다

19 여자가 이르되 주여 내가 보니 선지자로소이다

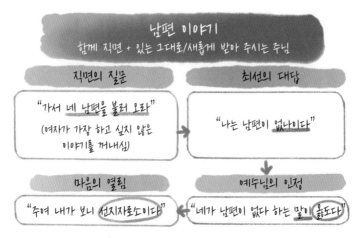

**남편 이야기**
함께 직면 + 있는 그대로/새롭게 받아 주시는 주님

| 직면의 질문 | 최선의 대답 |
|---|---|
| "가서 네 남편을 불러 오라" (여자가 가장 하고 싶지 않은 이야기를 꺼내심) | "나는 남편이 없나이다" |

| 마음의 열림 | 예수님의 인정 |
|---|---|
| "주여 내가 보니 선지자로소이다" | "네가 남편이 없다 하는 말이 옳도다" |

예수님과 사마리아 여인 사이의 결정적 전환점은 '남편 이야기'이었습니다. "가서 네 남편을 데려오라"라는 예수님의 말씀에 여인은 "저에게는 남편이 없습니다"라고 답했습니다. 그녀의 대답에는 대답해야 하는 부담감과 자신의 삶을 감추고 싶은 마음이 함께 담겨있었을 것입니다.

예수님은 더 깊이 들어가셨습니다. "네가 다섯 남편이 있었고, 지금 함께 사는 사람도 네 남편이 아니니 네 말이 옳다"라고 말씀하셨습니다. 이는 그녀가 가장 숨기고 싶은 상처를 드러내는 대화였습니다.

여인이 정오의 뜨거운 태양 아래 홀로 물을 길으러 온 이유가 여기에 있었습니다. 그녀는 다른 이들의 눈길을 피해 이 시간을 택

했습니다. 그녀에게 물 긷는 일은 그저 반복되는 일상이 아니라, 매일 자신의 소외된 현실을 마주해야 하는 고통스러운 순간이었습니다. '나는 소외된 사람, 환영받지 못하는 존재'라는 아픈 자각이 이 길을 걷는 그녀를 매일 따라다녔습니다.

예수님은 남편 이야기를 통해 여인이 자신의 현실을 직면하도록 이끄셨습니다. 하지만 그녀의 과거를 폭로하거나 정죄하지 않으셨습니다. 오히려 "네 말이 옳다"고 인정하시며 그녀의 아픔에 깊이 공감하셨습니다. 이 말씀의 목적은 단순한 사실 확인이 아니라, 그녀의 고통과 상처를 이해하며 그녀의 삶을 존중하는 예수님의 따뜻한 표현이었습니다. 그녀는 얼마나 오랫동안 "네가 옳다"는 말을 듣지 못했을까요? 일상에서 마주하는 것은 "너는 틀렸다"라는 비난과 차가운 시선뿐이었을 텐데, 예수님은 달랐습니다.

이 대화는 치유와 회복을 위한, 안전한 마주함이었습니다. 예수님은 그녀가 숨기고 싶었던 상처를 안전하게 드러낼 수 있도록 하셨고, 이를 통해 마음을 열 수 있게 하셨습니다. 이 대화는 그녀가 자신을 직면하고, 예수님을 선지자와 메시아로 고백하는 길을 열었습니다.

# Abby's Question

1. 사람들이 즐겨 가길 원하는 자리는 아니지만, 여러분이 결심하며 가야 할 곳은 어디인가요?

2. 여러분이 사마리아 우물가에서 예수님을 만났다면, 예수님은 여러분에게 어떤 질문을 하셨을까요? 무엇을 함께 직면하자고 하셨을까요?

Chapter 3.

# 겸손,
# 수로보니게 여인

그 여자는 헬라인이요 수로보니게 족속이라
자기 딸에게서 귀신 쫓아 주시기를 간구하거늘
마가 7:26

이번 장에서는 "자녀의 떡을 취하여 개들에게 던짐이 마땅하지 아니하니라"라고 말씀하는 생경한 예수님과 그 말씀에 반응하는 수로보니게 여인의 믿음에 관해 살펴봅니다. 이야기를 본격적으로 나누기에 앞서 수로보니게 여인이 살던 이방 땅, 두로와 시돈에 관해 알아보겠습니다.

## 1. 당시 두로와 시돈 지방에 대한 유대인의 시각

### 유대인이 보는 이방인의 땅

가나안 지역의 두로와 시돈은 지중해의 번영한 항구 도시였지만, 유대인들에게는 전혀 다른 의미의 땅이었습니다. 이곳은 우상숭배의 본거지이자 바알 신앙의 중심지였고, 구약에서 하나님의 심판이 선포된 죄악의 땅이었습니다.

특히 이 지역은 악명 높은 이세벨 여왕의 고향이었습니다. 이세벨은 바알 신앙을 북이스라엘에 강제로 심은 장본인으로, 그녀를 유대인들은 하나님을 대적한 최악의 인물로 기억했습니다(왕상 16:31-33). 이러한 배경 때문에 두로와 시돈은 저주받은 땅으로 경멸받았고, 그곳 사람들은 부정과 타락의 대명사로 여겨졌습니다.

유대인들은 이곳을 사마리아보다도 더 부정적으로 보았습니다. 사마리아가 한때 유대의 일부였다가 혼혈과 신앙적 타락으로 더

럽혀진 땅이라면, 가나안 땅 두로와 시돈은 처음부터 하나님의 심판을 받아 마땅한 이방 땅이었기 때문입니다. 그들에게 이곳은 율법에 따라 멸시해도 괜찮은 곳이었습니다.

## 가나안 이방 여인에 대한 부정적 인식

두로와 시돈에서 예수님이 만난 수로보니게 여인은 가나안 사람이었습니다. 이방인인 가나안 여인이라는 신분은 존재 그 자체로, 행위와 관계없이 '부정의 상징'이었습니다. 유대인이 이방인과의 접촉을 피한 것은 그들이 자신의 신앙과 정체성을 위협하는 존재로 보았기 때문이었습니다.

이러한 시대적 배경은 수로보니게 여인의 이야기에서 예수님의 행보가 얼마나 파격적이었는지를 더욱 선명하게 보여줍니다. 예수님이 이 여인을 대하신 방식은 당시의 모든 문화적, 종교적 관념을 뒤흔드는 것이었습니다. 예수님이 활동했던 시기와 장소를 생각할 때, 이 여인의 등장과 예수님과의 대화는 결코 우연한 사건이 아니었습니다.

당시 제자들은 '이방인은 은혜받을 대상이 아니다' '예수님은 이스라엘만을 위해 오신 분'이라고 생각했습니다. 그들은 전도 대상에서도 이방인을 배제했습니다. 예수님은 이방인에 대한 제자들의 고정관념을 바꾸고, 그들을 새롭게 바라보는 기회를 주기 원하셨습니다.

이러한 맥락에서 마태복음 15장에 나오는 예수님과 수로보니게 여인과의 만남은 중요한 의미가 있습니다. 이 사건은 이방인을 향한 복음의 물꼬를 트는 중요한 계기가 되었습니다. 이번 장에서는 이 만남을 세 가지 장면으로 나누어 자세히 살펴보겠습니다.

## 2. 겸손한 믿음을 가진 이방 여인과의 만남
### '우리만'이라는 특권의식

> 마태복음 15:21~23
> 21 예수께서 거기서 나가사 두로와 시돈 지방으로 들어가시니
> 22 가나안 여자 하나가 그 지경에서 나와서 소리 질러 이르되 주 다윗의 자손이여 나를 불쌍히 여기소서 내 딸이 흉악하게 귀신 들렸나이다 하되
> 23 예수는 한 말씀도 대답하지 아니하시니 제자들이 와서 청하여 말하되 그 여자가 우리 뒤에서 소리를 지르오니 그를 보내소서

예수님의 소문은 번화한 항구 도시 두로와 시돈까지 퍼졌습니다. 그 소문을 들은 한 가나안 여인이 예수님을 찾아왔습니다. 그녀는 예수님을 '다윗의 자손'이라 불렀습니다. 이는 그저 부르는 호칭이 아니라, 예수님을 구약에 약속된 메시아로 인정하는 고백이었

습니다. 그녀는 예수님이 누구신지 알았고, 오직 그분만이 자기 딸을 고칠 수 있다고 믿었습니다.

그녀는 간절한 마음으로 소리쳤습니다. "주 다윗의 자손이여, 나를 불쌍히 여기소서. 내 딸이 흉악하게 귀신 들렸습니다." 당시 여인이 이렇게 공개적으로 큰 소리로 외치는 것은 매우 이례적인 일이었습니다. 더구나 그녀는 유대인과 적대 관계에 있던 가나안 여인이었습니다.

그녀의 상황을 상상해 봅니다. 딸이 귀신 들려 심하게 고통받는 모습을 보며 아마도 온갖 방법을 시도해 보았을 것입니다. 하지만 모든 노력이 허사였고, 딸의 상태는 날로 나빠졌습니다. 지칠 대로 지친 이 여인은 절박한 마음으로 마지막 희망을 걸고 예수님께 나아왔습니다.

그런데 예수님은 이상하게도 그녀의 외침에 아무 대답도 하지 않으셨습니다. 제자들은 이 침묵을 어떻게 해석했을까요? "저 여자가 소리치며 우리 뒤를 따라오니 보내소서"라는 그들의 말에서 답을 찾을 수 있습니다. 제자들에게 이 여인의 간절한 외침은 그저 귀찮은 소음일 뿐이었고, 예수님의 침묵을 보며 그들은 '역시 예수님도 이방인에게 관심이 없으시구나'라고 더욱 확신했을지도 모릅니다.

이 장면은 당시 유대인들의 선민의식과 특권의식이 얼마나 깊었는지를 여실히 보여줍니다. 제자들은 예수님이 '오직 유대인만을 위한 메시아'라고 믿었습니다. 예수님께 수없이 들은 사랑과 회복의 메시지 속에서도 그들은 여전히 '우리만'이라는 배타적 사고에 갇혀 있었습니다.

이스라엘은 선택받았지만, 이스라엘만 선택받은 것은 아닙니다. 선민의식이 '우리만 특별하고 너희는 그렇지 않다'라는 배타적 우월감으로 변질될 때, 선택받음에 대한 해석은 하나님의 본뜻에서 멀어지고 맙니다. 예수님의 침묵은 단순한 거절이 아니었습니다. 그것은 제자들 안에 숨어있던 특권의식과 배타성을 드러내고 그들의 편협한 시각을 다루기 위한 의도적인 침묵이었습니다.

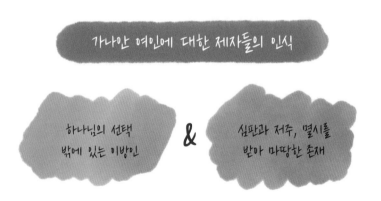

가나안 여인에 대한 제자들의 인식

하나님의 선택 밖에 있는 이방인 & 심판과 저주, 멸시를 받아 마땅한 존재

## '은혜 받기 합당한 자격' 논란

> 마태복음 15:24~26
>
> 24 예수께서 대답하여 이르시되 나는 이스라엘 집의 잃어버린 양
>    외에는 다른 데로 보내심을 받지 아니하였노라 하시니
> 25 여자가 와서 예수께 절하며 이르되 주여 저를 도우소서
> 26 대답하여 이르시되 자녀의 떡을 취하여 개들에게 던짐이 마땅
>    하지 아니하니라

제자들이 여인을 쫓아버리자고 했을 때, 우리는 예수님께서 그들을 꾸짖으실 것이라 기대합니다. 하지만 예수님은 뜻밖의 말씀을 하셨습니다. "나는 이스라엘 집의 잃어버린 양 외에는 다른 데로 보내심을 받지 아니하였다"라고요. 이 말씀을 들은 제자들은 역시 예수님이 자신들만 특별하게 여긴다고 생각했을 것입니다.

그러나 여인은 포기하지 않았습니다. "소문과 다르네" 하며 돌아서거나, "어떻게 그럴 수 있습니까" 하고 따지지도 않았습니다. 대신 예수님 앞에 엎드려 "주여, 저를 도우소서"라고 더욱 간절히 구합니다.

이 말을 들은 예수님의 두 번째 대답은 "자녀의 떡을 취하여 개들에게 던짐이 마땅하지 아니하니라"라는 충격적인 말씀이었습니

다. 이는 당시 유대인이 이방인을 비하할 때 쓰던 표현이었습니다. 자녀는 유대인을, 개는 이방인을 가리키는 말이었습니다. 만약 우리가 이런 이야기를 들었다면 어떻게 반응했을까요? '또 무시를 당하는구나' 하며 돌아가지 않았을까요?

그러나 가나안 여인의 대답은 놀라웠습니다. 그녀는 "주여 옳소이다"라고 대답했습니다. 그리고 이어서 "개들도 제 주인의 상에서 떨어지는 부스러기를 먹나이다."라고 말했습니다. 여인은 자신이 유대인처럼 자녀 대접을 받지 못한다는 현실을 부정하지 않았습니다. 오히려 자신을 개에 비유하는 상황마저 받아들이며, 자신의 절실한 필요를 드러냈습니다. "저도 특별한 사람입니다"라고 항변하는 대신, "저는 은혜 받을 자격 없는 사람이지만, 지금 도움이 절실합니다"라고 고백한 것입니다.

그녀는 자신을 낮추며 부족함을 인정했지만, 동시에 예수님의 능력을 굳게 믿었습니다. 그녀는 두로와 시돈까지 퍼진 예수님의 소문을 통해 그분이 누구신지 알고 있었고, 자기 딸도 고치실 수 있다고 확신했습니다. 그녀의 믿음은 이렇게 말하는 듯합니다. "저는 은혜 받을 자격이 없는 사람입니다. 하지만 당신의 은혜는 부스러기만으로도 충분하다는 것을 믿습니다"라고요.

가나안 여인의 자기인식

도움이
절실한 사람
(은혜가 필요한 사람)

&

자녀의 떡을
먹을 수 없는 사람
(자격 없는 사람)

## '겸손한 믿음'으로 누리는 은혜

마태복음 15:27~28

27 여자가 이르되 주여 옳소이다마는 개들도 제 주인의 상에서 떨
어지는 부스러기를 먹나이다 하니

28 이에 예수께서 대답하여 이르시되 여자여 네 믿음이 크도다 네
소원대로 되리라 하시니 그 때로부터 그의 딸이 나으니라

여인의 겸손과 믿음을 보신 예수님은 마침내 "여자여, 네 믿음이
크도다. 네 소원대로 되리라"라고 말씀하십니다. 이 한마디로 여
인은 응답받았고, 그녀의 딸은 즉시 치유되었습니다.

예수님은 처음부터 이 여인의 믿음과 간절함을 알고 계셨습니다. 그
러나 그분은 치유의 기적을 행하는 것뿐만 아니라, 이 사건을 통해
제자들의 편견을 다루고 믿음의 새로운 지평을 열고자 했습니다.

제자들에게 믿음은 유대인만의 특권이었습니다. 그러나 예수님은 이방 여인을 통해 '믿음의 크기와 깊이'는 혈통이나 민족적 배경을 초월한다는 것을 보여주셨습니다. "이방인도 믿음으로 구원받을 수 있다"라는 선언은 제자들에게 충격적이었을 것입니다. 더욱이 예수님은 이방인이 유대인보다 더 큰 믿음을 가질 수 있다는 놀라운 진리를 드러내셨습니다. 이는 개인의 믿음 이야기가 아닌, '모든 민족에게 열리는 복음의 서막'이었습니다.

처음에 보였던 예수님의 침묵과 거절은 이해하기 어려울 수 있습니다. 그러나 이는 제자들에게 주시는 강력한 가르침이었습니다. 예수님은 한 여인의 간구에 응답하시는 것을 넘어 제자들의 뿌리 깊은 선민의식과 특권의식을 완전히 뒤흔드시고, 모든 민족이 믿음으로 하나님께 나아올 수 있음을 보여주셨습니다.

어쩌면 누군가에게는 '예수님께서 제자들을 가르치려다 여인이 상처받을 수도 있지 않았을까요?'라는 질문이 들 수 있습니다. 그러나 예수님은 각 사람의 상황과 믿음의 깊이를 온전히 아셨고, 그들의 마음을 섬세히 헤아리며 대화하셨습니다. 사마리아 여인에게는 "네 말이 옳다"며 그녀의 마음을 이해하고 존중하셨다면, 가나안 여인에게는 그녀 스스로 "주여, 옳소이다"라고 고백하게 하심으로 그녀의 겸손과 믿음이 빛나게 하셨습니다.

## 3. 큰 믿음이란 무엇인가?

예수님께서 가나안 여인에게 "여자여, 네 믿음이 크도다"라고 말씀하셨을 때, 문득 '예수님이 말씀하시는 큰 믿음이란 무엇일까?' 궁금했습니다. 믿음이 크다는 것은 그저 열정적이거나 강한 확신을 의미하는 것만은 아닐 텐데 그 의미가 무엇일까, 생각하게 되었습니다.

그래서 성경을 살펴보니, 복음서에 예수님께서 '큰 믿음'이라고 칭찬한 장면이 두 번 나옵니다. 하나는 방금 살펴본 가나안 여인의 이야기이고, 다른 하나는 로마 백부장의 이야기입니다. 이들의 믿음에는 어떤 특별한 점이 있었던 걸까요? 이 질문을 풀어가기 위해, 이 두 사람의 이야기를 함께 살펴보려고 합니다.

누가복음 7:2~10
2  어떤 백부장의 사랑하는 종이 병들어 죽게 되었더니
3  예수의 소문을 듣고 유대인의 장로 몇 사람을 예수께 보내어 오셔서 그 종을 구해 주시기를 청한지라
4  이에 그들이 예수께 나아와 간절히 구하여 이르되 이 일을 하시는 것이 이 사람에게는 합당하니이다
5  그가 우리 민족을 사랑하고 또한 우리를 위하여 회당을 지었나이다 하니
6  예수께서 함께 가실새 이에 그 집이 멀지 아니하여 백부장이 벗

들을 보내어 이르되 주여 수고하시지 마옵소서 내 집에 들어오
심을 나는 감당하지 못하겠나이다

7  그러므로 내가 주께 나아가기도 감당하지 못할 줄을 알았나이
다 말씀만 하사 내 하인을 낫게 하소서

8  나도 남의 수하에 든 사람이요 내 아래에도 병사가 있으니 이더
러 가라 하면 가고 저더러 오라 하면 오고 내 종더러 이것을 하
라 하면 하나이다

9  예수께서 들으시고 그를 놀랍게 여겨 돌이키사 따르는 무리에
게 이르시되 내가 너희에게 이르노니 이스라엘 중에서도 이만
한 믿음은 만나보지 못하였노라 하시더라

10  보내었던 사람들이 집으로 돌아가 보매 종이 이미 나아 있었더라

누가복음 7:2~10을 보면, 로마 백부장이 사랑하는 종의 병을 고
치기 위해 예수님께 도움을 요청했습니다. 이때 유대인 장로들은
이렇게 말했습니다. "이 사람은 도움받기에 합당합니다. 우리 민
족을 사랑하고 회당까지 지어주었으니까요."라고요.

유대인 장로들은 백부장이 유대인을 사랑하고 선행을 베풀었기
때문에 '합당하다', 즉 '은혜받을 자격이 있는 사람'이라고 주장했
습니다. 그러나 정작 백부장의 태도는 달랐습니다. 그는 예수님
께 친구들을 보내 "주여, 내 집에 들어오심을 나는 감당하지 못하
겠나이다. 나 또한 주께 나아가는 것조차 감당하지 못할 줄 알았

나이다. 다만 말씀만 하소서"라고 전했습니다.

백부장은 자신의 선행이나 공로를 내세우지 않았습니다. 오히려 예수님을 온전히 신뢰하면서도, 자신은 그분을 맞이할 자격조차 없다고 고백했습니다. 예수님은 이 고백을 들으시고 "내가 너희에게 이르노니, 이스라엘 중에서도 이만한 믿음은 만나보지 못하였노라"라고 말씀하셨습니다.

### '큰 믿음'의 공통점과 본질

예수님께서 '큰 믿음'이라 인정하신 가나안 여인과 백부장의 모습에서 우리는 놀라운 공통점을 발견합니다. 그들은 모두 자신이 은혜받을 자격이 없음을 철저히 인정했습니다. 이들의 믿음은 자신의 공로나 자격에 기대지 않았습니다. 오히려 자신의 부족함을 깊이 인정하면서도, 하나님의 은혜와 능력을 전적으로 신뢰했습니다. 가나안 여인은 "옳소이다"라며 자신의 낮은 처지를 받아들이면서도, 주님의 은혜가 자신에게도 미칠 것을 굳게 믿었습니다. 백부장 역시 "나는 주님을 맞이할 자격이 없나이다"라고 고백하면서도, 한마디 말씀만으로 기적이 일어날 것을 확신했습니다.

이 공통점은 우리의 믿음을 돌아보게 합니다. 혹시 우리는 하나님 앞에 나아갈 때 "저는 자격이 있습니다. 도와주셔야 마땅합니다"

라는 태도를 보이고 있지는 않은가요? 혹은 우리의 선행이나 열심을 근거로 '나는 은혜 받을 만한 사람'이라고 은연중에 생각하고 있지는 않은가요? 성경은 "너희도 명령받은 것을 다 행한 후에 이르기를, 우리는 무익한 종이라. 우리가 하여야 할 일을 한 것뿐이라 할지니라.(눅 17:10)"라고 말합니다.

진정한 '큰 믿음'은 우리의 자격이 아닌, 하나님의 은혜를 전적으로 의지하는 겸손에서 피어납니다. 하나님은 우리가 자격을 갖추어서 사랑하신 것이 아닙니다. 우리가 아직 부족하고 연약한 때에 먼저 사랑하시고, 값없이 은혜를 부어 주셨습니다. '큰 믿음'이란 바로 이 놀라운 사랑과 은혜를 온전히 받아들여, 낮아진 마음으로 오직 하나님만을 신뢰하는 것입니다.

## 믿음의 본질

1. 당신은 하실 수 있습니다.
2. 저를 도와주세요.
3. 그렇지만, 저는 자격이 없는 사람입니다.

# Abby's Question

1. 여러분이 아무것도 내세울 수 없는 마음으로 주님께 나아갔던 때는 언제였나요?

2. 하나님의 침묵이 거절처럼 느껴질 때, 여러분은 어떻게 반응하나요?

# Chapter 4

# 보호,
## 간음 중
## 끌려온 여인

이르시되 너희 중에 죄 없는 자가 먼저 ···
요 8:10

# 1. 당시 유대 사회에서 간음한 여인에 대한 인식과 처벌

간음은 예수님 시대의 유대 사회에서 심각한 죄 중 하나였습니다. 이는 개인의 도덕적 실패를 넘어 공동체의 근간을 흔드는 중대한 범죄로 여겨졌습니다. 특히 남성보다 여성을 향한 시선과 처벌이 훨씬 더 가혹했습니다. 간음한 여인은 공동체의 명예를 더럽힌 존재로 낙인찍혔습니다.

레위기 20장에 따르면 간음죄를 범한 남성과 여인은 모두 사형에 처하게 되어 있습니다. 이러한 규정에도 불구하고 간음죄에 대한 실제 처벌은 남성보다 여성에게 더 가혹했습니다. 이는 당시 유대 사회의 가부장적 구조를 반영합니다. 여성은 남성의 소유물로 여겨졌으며, 남편의 명예는 아내의 정결함과 직접적으로 연결되어 있기 때문입니다.

한편 간음죄 처벌에는 엄격한 조건이 있었습니다. 신명기 19장 15절에 따르면, 반드시 두 명 이상의 증인이 있어야 했습니다. 증인 없이는 처벌할 수 없었고, 만약 거짓 증언으로 밝혀지면 그 증인이 동일한 처벌을 받아야 했습니다(신 19:16-19).

## 2. 현장에서 붙잡힌 여인과 그녀를 둘러싼 시선들
### 여인의 절망적 상황

> 요한복음 8:2~4
>
> 2  아침에 다시 성전으로 들어오시니 백성이 다 나아오는지라 앉
>    으사 그들을 가르치시더니
> 3  서기관들과 바리새인들이 음행중에 잡힌 여자를 끌고 와서 가
>    운데 세우고
> 4  예수께 말하되 선생이여 이 여자가 간음하다가 현장에서 잡혔
>    나이다

이 여인은 간음 현장에서 붙잡혀 서기관들과 바리새인들에 의해
끌려왔습니다. 현장에서 잡혔다는 사실은 그녀에게 자신을 변호
할 그 어떤 기회도 허락하지 않았습니다. 그녀는 옷차림도 제대로
정돈하지 못한 채 군중 앞에 세워졌고, 그녀의 죄는 모든 사람 앞
에서 낱낱이 드러났습니다.

게다가 끌려온 사람은 여인 혼자였습니다. 율법상 간음은 남녀 모
두가 처벌받아야 할 죄임에도 오직 여인만 심판대에 끌려왔습니
다. 함께 죄를 지은 남성은 어디에도 보이지 않았고, 그 결과 이
여인은 모든 비난과 책임을 홀로 떠안아야 했습니다. 간음 현장에
서 끌려온 여인을 본 순간 사람들은 본능적으로 판단하고 정죄하
기 시작했습니다.

## 사람들의 판단과 정죄

요한복음 8:5~9

5  모세는 율법에 이러한 여자를 돌로 치라 명하였거니와 선생은
   어떻게 말하겠나이까

6  그들이 이렇게 말함은 고발할 조건을 얻고자 하여 예수를 시험
   함이러라 예수께서 몸을 굽히사 손가락으로 땅에 쓰시니

7  그들이 묻기를 마지 아니하는지라 이에 일어나 이르시되 너희
   중에 죄 없는 자가 먼저 돌로 치라 하시고

8  다시 몸을 굽혀 손가락으로 땅에 쓰시니

9  그들이 이 말씀을 듣고 양심에 가책을 느껴 어른으로 시작하여
   젊은이까지 하나씩 하나씩 나가고 오직 예수와 그 가운데 섰는
   여자만 남았더라

## 서기관들과 바리새인들의 판단

서기관들과 바리새인들은 율법을 내세워 여인을 정죄했습니다. "모
세는 율법에 이러한 여자를 돌로 치라 명하였거니와 선생은 어떻게
말하겠나이까?"라고 말했습니다. 하지만 그들의 진짜 목적은 율법
수호가 아닌 예수님을 시험하는 것이었습니다. 예수님이 여인의 처
벌을 명하면 자비로운 스승이라는 명성을 잃을 것이고, 용서를 말
씀하시면 율법을 거스르는 자가 될 것이었기 때문입니다.

그들은 자신들을 스스로 의롭다고 여겼습니다. 율법을 알고 지키

는 자로서 여인을 심판할 자격이 있다고 확신했습니다. 그러나 그들의 의로움은 자신의 욕망과 목적에 따라 왜곡된 것이었습니다. 그들은 여인을 단지 도구로 삼았습니다. 그녀의 죄를 이용해 자신들의 의를 드러내고, 예수님을 시험하려 했습니다. 그 안에는 죄인을 향한 연민도, 진정한 정의도 찾아볼 수 없었습니다. 오직 자신들의 목적을 위해 한 영혼을 희생시켜도 좋다는 냉혹한 계산만이 있었습니다.

## 군중의 판단

군중은 서기관들과 바리새인들의 주장에 아무런 의문도 제기하지 않은 채 동조했습니다. 그들은 여인의 죄를 직접 목격하지도 않았으면서도, '돌로 치라'는 주장 앞에 침묵했습니다. 그들의 판단은 율법에 관한 피상적 이해와 무비판적 동조에 기반했습니다. 정의를 실현한다고 생각했지만, 실상은 서기관들과 바리새인들의 의도에 따라 움직이는 맹목적인 군중에 불과했습니다.

예수님께서 말씀하시기 전까지 그 누구도 자기 자신을 돌아보지 않았습니다. 아무도 여인을 변호하지 않았고, 그녀의 고통에 공감하지도 않았습니다. 그들 역시 서기관과 바리새인들처럼 자신들에게 여인을 정죄할 자격이 있다고 여겼습니다.

## 3. 예수님의 시선과 말씀에 담긴 세밀한 돌봄

요한복음 8장에서 가장 주목할 부분은 예수님의 시선 처리와 말씀입니다. 그분의 모든 행동과 말씀에는 깊은 의도가 있었으며 결코 즉흥적이지 않았습니다. 우리는 '왜 예수님은 그렇게 행동하셨을까? 왜 그런 말씀을 하셨을까?'를 늘 질문해야 합니다. 이러한 질문은 예수님의 행동 방식을 흉내 내기 위한 것이 아닙니다. 그분의 마음과 생각을 깊이 이해하고, 그것을 오늘 우리의 삶에 적용하기 위함입니다. 2,000년 전 그 순간의 예수님의 말씀과 행동을 우리의 현실에 연결하려면, 그 행동과 말씀 뒤에 담긴 의도와 본심을 살펴보려 노력해야 합니다.

이 여인의 이야기에서 예수님의 시선을 따라가면, 그분의 섬세한 배려와 깊은 사랑이 선명하게 드러납니다. 예수님의 시선은 땅 → 군중 → 땅 → 군중 → 여인의 특별한 순서로 옮겨갑니다. 이 흐름 속에는 하나님의 은혜와 회복의 메시지가 담겨있습니다.

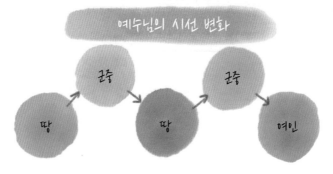

예수님의 시선 변화

군중 → 땅 → 군중 → 여인

땅

## 예수님 시선의 흐름: 땅 → 군중 → 땅 → 군중 → 여인

요한복음 8:6~11

6  그들이 이렇게 말함은 고발할 조건을 얻고자 하여 예수를 시험
    함이러라 예수께서 몸을 굽히사 손가락으로 땅에 쓰시니

7  그들이 묻기를 마지 아니하는지라 이에 일어나 이르시되 너희
    중에 죄 없는 자가 먼저 돌로 치라 하시고

8  다시 몸을 굽혀 손가락으로 땅에 쓰시니

9  그들이 이 말씀을 듣고 양심에 가책을 느껴 어른으로 시작하여
    젊은이까지 하나씩 하나씩 나가고 오직 예수와 그 가운데 섰는
    여자만 남았더라

10 예수께서 일어나사 여자 외에 아무도 없는 것을 보시고 이르시
    되 여자여 너를 고발하던 그들이 어디 있느냐 너를 정죄한 자가
    없느냐

11 대답하되 주여 없나이다 예수께서 이르시되 나도 너를 정죄하
    지 아니하노니 가서 다시는 죄를 범하지 말라 하시니라

**땅을 향한 시선: '예수께서 몸을 굽히사 손가락으로 땅에 쓰시니'**

이날 아침, 성전에서는 예수님의 가르침이 울려 퍼지고 있었습니
다. 사람들은 그분의 권위 있는 생명의 말씀에 깊이 감동하고 있
었습니다. 그러던 중 갑작스러운 소란이 일어났습니다. 서기관들
과 바리새인들이 한 여인을 끌고 온 것이었습니다.

끌려온 여인의 모습은 비참했고, 모든 사람의 시선이 그녀를 향했습니다. 어떤 이는 비난의 눈초리로, 또 어떤 이는 호기심 어린 시선으로 그녀를 훑어보았을지 모릅니다. 여인은 이 모든 시선을 온몸으로 감당하며 수치심과 두려움에 휩싸였을 것입니다.

바로 그때, 예수님은 뜻밖의 행동을 하셨습니다. 몸을 굽혀 땅에 무언가를 쓰기 시작하셨습니다. 왜 그런 행동을 하셨을까요? 예수님이 땅에 무언가를 쓰는 순간, 예상치 못한 행동에 사람들의 시선이 자연스럽게 예수님께로 쏠렸습니다. '도대체 무엇을 쓰시는 걸까?' 궁금증에 사로잡힌 군중들은 하나둘 여인에게서 눈을 돌려, 땅에 무언가를 쓰는 예수님의 손가락을 주시했겠지요.

예수님은 이 행동으로 여인을 향한 모든 정죄의 시선을 자신에게로 돌렸습니다. 수치심과 두려움에 떨고 있던 여인에게 가장 큰 고통은 바로 자신을 향한 사람들의 날카로운 시선이었을 것입니다. 몸을 굽혀 땅에 글씨를 쓰시는 이 사소해 보이는 동작 속에 한 영혼을 보호하시려는 예수님의 깊은 사랑이 담겨있었습니다.

**군중을 향한 시선: '이에 다시 일어나 이르시되'**

서기관들과 바리새인들은 "이 여자를 어떻게 하면 좋겠습니까?"라고 계속해서 예수님을 몰아붙였습니다. 그러자 예수님은 몸을 일으키며 말씀하셨습니다. "너희 중에 죄 없는 자가 먼저 돌로 치라." 이 말씀은 그저 그들을 설득하기 위한 말씀이 아니었습니다. 예수님은 이 한마디로 그들 각자가 자신을 돌아보도록 하셨습니다. 그들이 율법의 조문을 근거로 질문했다면, 예수님은 율법의 본질을 꿰뚫는 대답을 하셨습니다.

과연 율법을 완벽하게 지키는 사람이 누가 있을까요? 모든 사람은 죄를 지었고 하나님 앞에 의로운 사람은 단 한 명도 없습니다. 예수님의 말씀은 사람들이 자기 자신을 들여다보고 그들의 양심과 마주하게 했을 것입니다.

예수님은 이 말씀을 하시고 곧바로 다시 몸을 굽혀 땅에 무언가를 쓰십니다. 이 두 번째 몸을 굽히는 행동에는 어떤 의미가 있었을까요?

**다시 땅을 향한 시선: '다시 몸을 굽혀 손가락으로 땅에 쓰시니'**

이 장면에서 잠시 그 자리에 있던 군중의 한 사람이 되어봅시다. 예수님이 군중을 향해 "너희 중에 죄 없는 자가 먼저 돌로 치라"고 말씀하시고 바로 여러분을 봤다면, 여러분은 어떤 마음이 들었을까요? 아마도 '내가 죄인이라고 말씀하시는 건가?'라는 생각이 들었을 것입니다. 혹은 다른 사람들이 나를 향해 '쟤는 도대체 무슨 큰 죄를 지었길래 예수님이 쳐다보는 걸까'라고 생각할 것 같아 불안했겠죠.

이런 맥락에서 다시 몸을 굽혀 땅에 무언가를 쓰는 예수님의 행동과 그 의도를 생각해 봅시다. 예수님은 "너희 중에 죄 없는 자가 먼저 돌로 치라"고 말씀하신 뒤, 누구도 직접 바라보지 않고 땅을 보셨습니다. 이는 군중이 느낄 수 있는 불필요한 정죄감과 압박을 덜어주는 깊은 배려였습니다.

예수님은 사람들에게 시간을 주셨습니다. 자신을 돌아보고 양심의 소리에 귀 기울일 수 있는 시간을요. 그분은 정죄의 눈빛으로 사람들을 몰아세우는 대신, 각자가 자기 자신과 마주할 수 있는 기회를 주셨습니다.

**다시 군중을 향한 시선: '예수께서 일어나사 여자 외에 아무도 없는 것을 보시고'**
예수님이 다시 몸을 일으켰을 때, 여인 외에는 아무도 남아있지 않았습니다. 조금 전까지 여인을 정죄하며 돌을 던지려 했던 군중과 서기관들, 바리새인들은 모두 자발적으로 자리를 떠났습니다.

**여인을 향한 시선: '이르시되 여자여 너를 고발하던 그들이 어디 있느냐'**
그렇게 여인을 둘러싼 모든 시선과 판단이 사라진 후, 마침내 예수님은 여인과 마주하셨습니다. 아직도 두려움과 수치로 고개를 숙이고 있는 여인에게, 예수님은 부드러운 음성으로 "여자여, 너를 고발하던 그들이 어디 있느냐? 너를 정죄한 자가 없느냐?"라고 물으셨습니다.

이제 그녀는 사람들의 날카로운 시선 대신 예수님의 은혜로운 눈빛 안에 머물게 되었습니다. 그녀는 "주여, 없나이다"라고 대답했습니다. 그 순간 예수님은 여인에게 "나도 너를 정죄하지 아니하노니, 가서 다시는 죄를 범하지 말라"라고 말씀하셨습니다. 이 말씀은 피상적인 용서를 넘어 그녀를 향한 예수님의 완전한 수용과 사랑을 담고 있습니다. 예수님은 여인의 죄를 지적하거나 과거를 들추어내지 않고, 회복과 새로운 시작을 선포하셨습니다. 그녀를 죄와 수치로부터 해방하셨을 뿐 아니라, 그녀가 새로운 삶을 시작할 수 있도록 격려하셨습니다.

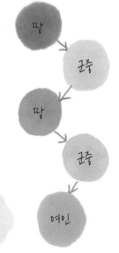

## 예수님의 시선 변화와 그 이유

**1. 몸을 굽히사 손가락으로 땅에 쓰시니**
→ 여인에게 향한 따가운 판단의 시선을 자신의 손가락으로 끌어오심

**2. 일어나**
→ 군중들 모두가 듣도록 말씀

**3. 다시 몸을 굽혀**
→ 군중들이 주님의 시선을 정죄라 오해하지 않도록, 스스로를 돌아볼 시간

**4. 일어나 아무도 없는 것을 보시고**
→ 이제야 비로소 여인에게 직접 말을 거심
(군중의 시선이 모두 사라진 그때)

## 예수님 말씀의 세밀함

예수님의 말씀은 그 순간의 문제를 해결하는 데 그치지 않았습니다. 본문의 두 절의 말씀을 통해 예수님의 지혜와 사랑을 살펴보겠습니다.

### 말씀 1. "너희 중에 죄 없는 자가 '먼저' 돌로 치라"

예수님은 "죄 없는 자가 돌로 치라"고 하지 않으시고, '먼저'라는 한 마디를 더하셨습니다. 이 작은 단어 속에는 사람들의 군중 심리를 꿰뚫어 보신 예수님의 깊은 지혜가 담겨있습니다. 만약 "죄 없는 자가 돌로 치라"라고만 하셨다면, 어떤 이는 자신을 의롭다 여기며 돌을 들었을지도 모릅니다. 군중 속에 있으면 분위기에 휩쓸려 행동하거나, 무리의 행동에 쉽게 동조하기 때문입니다. 그러나 '먼저'라는 말씀은 누구도 쉽게 돌을 들지 못하게 했을 것입니다. 군중 뒤에 숨어있던 개개인이 자신의 양심을 마주하게 되었을테니까요.

### 말씀 2. "나도 너를 정죄하지 아니하노니, 가서 다시는 죄를 범하지 말라"

예수님의 두 번째 말씀은 여인을 온전한 회복으로 이끄시는 사랑의 선언입니다. 예수님은 "너는 죄인이야"라고 말씀하지 않으셨습니다. 이미 여인은 자신의 죄를 누구보다 잘 알고 있었고, 모든 사람 앞에서 충분한 수치와 정죄를 경험했기 때문이었습니다.

예수님은 여인의 죄를 지적하는 대신, 그녀의 미래를 이야기하셨습니다. "다시는 죄를 범하지 말라"는 말씀은 그녀의 죄를 부정하지 않으면서, 동시에 그녀에게 새로운 시작을 선포하는 말씀입니다. 이는 그녀를 '죄인'이라는 틀에 가두는 것이 아닌, 자유롭고 떳떳한 삶을 살아갈 힘을 주는 메시지였습니다.

예수님은 여인을 정죄하거나 과거의 죄에 묶어두지 않으셨습니다. 오히려 따뜻하게 그녀를 감싸시며 다시는 죄를 반복하지 않을 용기를 주셨습니다. 예수님의 보호와 용서는 그녀가 이전의 삶과는 다른 삶을 살아가도록 하는 힘이 되었을 것입니다.

## 4. 판단에서 분별(지혜)로
### 판단 받는 두려움에서 벗어나기

고린도전서 4:3~5
3  너희에게나 다른 사람에게나 판단 받는 것이 내게는 매우 작은 일이라 나도 나를 판단하지 아니하노니
4  내가 자책할 아무 것도 깨닫지 못하나 이로 말미암아 의롭다 함을 얻지 못하노라 다만 나를 심판하실 이는 주시니라
5  그러므로 때가 이르기 전 곧 주께서 오시기까지 아무 것도 판단하지 말라 그가 어둠에 감추인 것들을 드러내고 마음의 뜻을 나타내시리니 그 때에 각 사람에게 하나님으로부터 칭찬이 있으리라

고린도전서 4장에서 바울은 "너희에게나 다른 사람에게나 판단받는 것이 내게는 매우 작은 일이라"는 놀라운 고백을 합니다. 우리가 얼마나 자주 다른 이들의 판단과 평가에 흔들리는지를 생각할 때 이 고백은 우리에게 큰 통찰을 줍니다. 다른 사람의 판단이 우리의 진정한 정체성을 규정할 수는 없습니다. 그것은 오직 하나님께 속한 영역입니다.

물론 우리는 타인의 평가를 완전히 통제할 수는 없습니다. 하지만 그 판단을 어떻게 받아들일지는 우리의 몫입니다. 바울은 그것을 '매우 작은 일'이라 표현하며 그 판단이 자신을 흔들지 못하게 합니다. 우리도 다른 이의 판단을 지나치게 크게 여기거나, 거기에 매여 정죄감에 시달릴 필요가 없습니다.

더 나아가 바울은 "나도 나를 판단하지 아니하노니"라고 선언합니다. 그는 자신을 스스로 판단하고 정죄하는 것조차 내려놓습니다. 설령 자신의 양심이 깨끗하다 해도, 그것이 자신을 의롭게 만들지는 못한다고 고백합니다.

우리도 때때로 자신을 너무 가혹하게 판단하거나, 반대로 지나치게 자신을 의롭다고 여길 때가 있습니다. 그러나 우리의 내면과 동기, 그리고 숨겨진 모든 것을 온전히 아시는 분은 하나님뿐입니다. 그렇기에 우리의 판단이 아닌, 하나님의 판단에 의탁하며 살아가야 합니다.

## 하나님의 때를 기다리며 분별하기

바울은 우리에게 "때가 이르기 전 곧 주께서 오시기까지 아무 것도 판단하지 말라"고 말합니다. 우리는 지금 제한된 시야와 이해 속에서 살아갑니다. 우리의 판단은 온전할 수 없으며, 모든 것을 희미하게 볼 뿐입니다.

하나님은 그분의 정해진 때에 모든 것을 밝히 드러내실 것입니다. 다른 이들의 판단에서 매이지 않고 하나님의 때를 기다리는 삶은 우리를 참된 자유로 이끕니다. 판단을 하나님께 맡길 때 우리는 비로소 그분의 은혜와 사랑 안에서 진정한 평안을 누리게 됩니다.

한편 우리는 종종 '판단하지 말아야지'라고 결심하지만, 실제로는 그러기가 그리 쉽지 않습니다. 누군가를 보며 의도치 않게 판단하고, 그 판단하는 마음이 점점 강해질 때가 있습니다. 우리가 판단의 자리에서 벗어나지 못하는 이유 중 하나는 자신을 스스로 의인이라 여기는 마음 때문입니다. 자신을 의롭다고 여기는 마음을 내려놓으면 타인을 향한 판단도 잠잠해집니다. 자신의 의를 주장하지 않을 때, 판단의 자리를 벗어날 수 있는 길이 열립니다.

열왕기상 3:9

9  누가 주의 이 많은 백성을 재판할 수 있사오리이까 듣는 마음을
   종에게 주사 주의 백성을 재판하여 선악을 분별하게 하옵소서

판단하지 않는다는 것은 모든 것을 비판 없이 수용한다는 뜻이 아
닙니다. 판단을 대신할 올바른 태도는 '분별'입니다. 솔로몬이 하
나님께 구한 것도 바로 이 '듣는 마음'이었습니다. 그는 스스로 백
성을 재판할 수 없음을 인정하며 하나님의 지혜를 구했습니다. 이
'듣는 마음', 곧 분별하는 마음은 판단과는 다릅니다. 판단이 타인
을 규정하고 결론짓는 것이라면, 분별은 하나님의 뜻을 구하며 선
과 악, 올바른 길을 헤아리는 것입니다.

솔로몬의 고백처럼, 우리는 모든 상황을 스스로 재판하고 판단할
능력이 없습니다. 선과 악이 늘 명확히 드러나는 것도 아닙니다.
그만큼 분별은 상황마다 새롭게 요청됩니다. 그래서 우리는 스스
로 의로워지려는 마음을 내려놓고, 하나님께 듣는 마음을 구해야
합니다. 분별은 타인을 비난하거나 정죄하는 것이 아닌, 하나님
의 마음에 합한 것이 무엇인지 헤아리는 태도입니다.

## Abby's Question

1. 여러분은 어떤 상황에서 정죄감을 느끼시나요? 그것은 여러분 삶에 어떤
영향을 주나요?

2. 여러분이 가장 많이 판단하는 사람은 누구인가요? 왜 그런가요?

내가 주와 또는 선생이 되어
너희 발을 씻었으니
너희도 … 요 13:14 · · ·

asaph,71

# PART 2.

---

하나님 나라를 누리는
본질적 움직임

*Chapter 5.*

# 긍휼,
# 선한 사마리아인

네 생각에는 이 세사람 중에 누가 강도 만난 자의 이웃이 되겠느냐?
눅10 : 36

# 1. 선한 사마리아인 비유 속 등장인물
## 강도 만난 사람과 세 행인

누가복음 10:30~35

30 예수께서 대답하여 이르시되 어떤 사람이 예루살렘에서 여리고로 내려가다가 강도를 만나매 강도들이 그 옷을 벗기고 때려 거의 죽은 것을 버리고 갔더라

31 마침 한 제사장이 그 길로 내려가다가 그를 보고 피하여 지나가고

32 또 이와 같이 한 레위인도 그 곳에 이르러 그를 보고 피하여 지나가되

33 어떤 사마리아 사람은 여행하는 중 거기 이르러 그를 보고 불쌍히 여겨

34 가까이 가서 기름과 포도주를 그 상처에 붓고 싸매고 자기 짐승에 태워 주막으로 데리고 가서 돌보아 주니라

35 그 이튿날 그가 주막 주인에게 데나리온 둘을 내어 주며 이르되 이 사람을 돌보아 주라 비용이 더 들면 내가 돌아올 때에 갚으리라 하였으니

예수님의 비유는 한 사람이 예루살렘에서 여리고로 내려가다 강도를 만나는 장면으로 시작합니다. 예루살렘에서 여리고로 향하는 길은 험하고 굽이진 지형으로 악명 높았습니다. 당시에도 강도들이 자주 출몰하는 위험한 길이었습니다. 강도들은 이 사람의 모든 소지품을 빼앗고 거의 죽을 만큼 때린 뒤 사라졌습니다. 강

도 만난 사람은 어떤 상태였을까요? 옷은 벗겨지고 온몸은 피투성이였을 것입니다. 숨은 간신히 붙어있으나 스스로 움직일 수도 없이 길가에 버려진, 누가 보아도 절망적인 상황이었습니다.

## 행인 1. 제사장

첫 번째로 이 길을 지나간 이는 제사장이었습니다. 제사장은 유대 사회에서 종교적 권위의 상징이었습니다. 성전에서 제사를 주관하며 하나님과 백성을 연결하는 거룩한 직분을 맡은 사람이었습니다. 그러나 그는 강도 만난 사람을 보고 피해서 지나갔습니다.

왜 그랬을까요? 율법에 따르면, 제사장은 시체를 만지거나 피에 접촉하는 등 부정해지는 행위를 철저히 피해야 했습니다. 제사장은 '해야 할 것과 하지 말아야 할 것'이 매우 명확한 사람이었고, 제사장으로서 자신이 부정해지면 안 된다는 생각이 그를 지배했을 겁니다. 그는 거의 죽은 듯 보이는 이 사람을 보며 '이미 죽은 것은 아닐까?' '내가 이 사람을 도우려다 부정해지면 성전 제사를 드릴 수 없게 될 텐데'라고 계산했겠지요.

'나는 지금 성전으로 가야 하고, 율법을 지키는 것이 더 중요하다'라는 제사장의 판단은 한 생명의 절박함보다 자신의 정결함을 더 중요하게 여기는 태도에서 나왔습니다. 그의 선택은 당시의 사회적 · 종교적 시스템과 율법의 정결 규정에 기반했습니다. 결국 제사장은 자신의 종교적 의무와 정결함을 지키려는 마음 때문에 죽어가는 사람의 절박한 상황을 외면한 채 발걸음을 옮깁니다.

## 행인 2. 레위인

두 번째로 지나간 이는 레위인이었습니다. 레위인은 제사장을 돕고 성전에서 다양한 봉사를 맡은 사람으로, 율법과 정결 규정을 철저히 지키려고 했습니다. 그래서 그도 강도 만난 사람을 보고 피해 지나갔습니다.

레위인이 왜 이런 선택을 했는지 직접적인 설명은 없지만, 율법의 정결 규정을 문자 그대로 지키려는 마음이 강했을 것으로 짐작할 수 있습니다. '이 사람을 만지면 부정해져 성전 봉사를 할 수 없게 될 텐데'라는 생각이 그의 마음을 사로잡았거나, 어쩌면 앞서 지나간 제사장의 선택을 알고 있었을지도 모릅니다. 제사장의 선례에 따라, '나도 그냥 지나가는 것이 맞겠지'라고 생각했을 수 있습니다.

어찌되었든 레위인도 한 생명의 절박한 상황보다 종교적 의무를 우선시했습니다. 자신이 부정해지지 않기 위해 발걸음을 멈추지 않았고, 도움이 절실한 사람을 외면한 채 지나갔습니다. 아마도 그는 '정결 규정을 잘 지켰기에 괜찮다'라고 했을지 모릅니다.

## 행인 3. 사마리아인

마지막으로 등장한 사람은 사마리아인이었습니다. 이 순간 비유를 듣던 유대인들은 충격에 빠졌을 것입니다. 제사장, 레위인 다음에는 당연히 유대 평신도가 나올 것이라 기대했을 테니까요. 마치 오늘날 목사님, 장로님 다음에 집사님이나 성도님이 등장하리라 예상하는 것처럼 말입니다. 그러나 예수님은 그들의 예상을 완전히 뒤엎으셨습니다. 그들이 생각하기에 이웃과 가장 거리가 먼 사마리아인을 등장시키셨습니다.

사마리아인의 등장은 유대인에게는 받아들이기 쉽지 않은 설정이었습니다. 앞서 2장에서 다뤘던 것처럼, 유대인은 사마리아인을 이방인보다도 더 부정하게 여겼고, 경계해야 할 존재로 취급했으니까요. 가장 선하고 이웃을 사랑한 사람으로 사마리아인을 내세운 이 비유는 그들의 고정관념을 뿌리째 흔드는 메시지였습니다.

사마리아인은 강도 맞아 죽어가는 사람을 보자 '무엇을 해야 하고 무엇을 하면 안 되는가'를 따질 겨를이 없었습니다. 피투성이가 된 그 사람을 보는 순간 마음이 먼저 움직였습니다. '그를 불쌍히 여겼다'라는 본문의 표현처럼 그의 긍휼함은 자연스럽게 행동으로 이어졌습니다. 그는 주저 없이 그 사람에게 다가갔습니다.

사마리아인은 자신의 모든 것을 아낌없이 쏟아부어 이 사람을 살리고자 했습니다. 기름과 포도주로 상처를 소독하고 싸매 주었으며, 자기 짐승에 태워 주막으로 데려갔습니다. 여기서 그치지 않고 주막 주인에게 두 데나리온을 주며 그를 돌봐 주라고 부탁했습니다. "비용이 더 들면 내가 돌아올 때 갚겠다"라는 약속까지 하며 끝까지 책임지겠다는 의지를 보였습니다.

이러한 행동은 율법의 문자적 준수가 아닌, 이웃을 향한 진실한 사랑에서 비롯한 것이었습니다. 그는 한 생명을 살리고자 자신의 시간, 에너지, 재물 등 모든 자원을 아낌없이 쏟아부었습니다. 당시 유대인들은 이 이야기가 달갑지 않았겠지만, 예수님은 비유 속 극적인 대조를 통해 진정한 이웃 사랑이 무엇인지를 더욱 선명하고 강렬하게 전달하셨습니다.

## 2. 비유를 말씀하시기 전의 대화: 자신을 옳게 보이려는 율법학자

이 비유는 많은 이들에게 친숙하지만, 그 깊은 의미를 이해하기 위해서는 예수님이 비유를 말씀하시기 전후의 맥락 특히 대화의 대상을 주의 깊게 살펴보아야 합니다.

25 어떤 율법교사가 일어나 예수를 시험하여 이르되 선생님 내가 무엇을 하여야 영생을 얻으리이까

26 예수께서 이르시되 율법에 무엇이라 기록되었으며 네가 어떻게 읽느냐

27 대답하여 이르되 네 마음을 다하며 목숨을 다하며 힘을 다하며 뜻을 다하여 주 너의 하나님을 사랑하고 또한 네 이웃을 네 자신 같이 사랑하라 하였나이다

28 예수께서 이르시되 네 대답이 옳도다 이를 행하라 그러면 살리라 하시니

29 그 사람이 자기를 옳게 보이려고 예수께 여짜오되 그러면 내 이웃이 누구니이까

예수님은 이 비유를 말씀하시기 전, 한 율법학자와 대화를 나누고 계셨습니다. 율법학자는 예수님을 시험하려는 의도로 "내가 무엇을 하여야 영생을 얻으리이까?"라고 물었습니다. 율법 전문가인 그는 문자 그대로 율법을 해석하고 지키는 데 익숙했습니다. 예수님은 그에게 율법의 내용을 되물으시며 스스로 답을 찾도록 이끄셨고, 율법학자는 신명기의 말씀을 인용하여 "하나님을 사랑하고, 이웃을 사랑하라"고 답했습니다. 예수님은 그의 대답이 옳다며 "이를 행하라 그러면 살리라"고 말씀하셨습니다.

그러나 율법학자는 거기서 멈추지 않았습니다. 자신을 의롭게 보이려고 "내 이웃이 누구니이까?"라는 또 다른 질문을 던졌습니다. 성경은 그의 의도를 분명히 기록합니다. 그는 이미 자신이 이웃을 사랑하며 율법을 잘 지켰다고 확신하고 있었습니다. 만약 예수님이 율법에 기록된 '고아와 과부와 나그네'가 이웃이라고 답하셨다면, 그는 당당히 "저는 그들을 모두 사랑했습니다"라고 말하려 했을 것입니다.

예수님은 이 질문에 곧바로 답하지 않으셨습니다. 대신 선한 사마리아인의 비유를 통해 율법학자의 관점을 바꾸고자 하셨습니다. 흥미롭게도 율법학자의 모습은 비유 속 제사장과 레위인을 닮아있습니다. 그들처럼 그는 율법의 규정과 형식에는 몰두했지만, 율법 안에 담긴 하나님의 마음과 사랑은 보지 못했습니다. 예수님은 그가 자신을 의롭게 보이려는 태도에서 벗어나, 율법의 참된 본질을 깨닫기를 원하셨습니다.

## 3. 비유를 마치신 후의 대화: 율법을 넘어 긍휼로

누가복음 10:36~37

36 네 생각에는 이 세 사람 중에 누가 강도 만난 자의 이웃이 되겠느냐

37 이르되 자비를 베푼 자니이다 예수께서 이르시되 가서 너도 이
와 같이 하라 하시니라

## 선한 사마리아인 비유의 핵심 메시지 : 누가 내 이웃인가? vs. 나는 이웃인가?

비유를 마친 예수님은 율법학자에게 "이 세 사람 중에 누가 강도 만난 자의 이웃이 되겠느냐?"라고 물으셨습니다. 이는 율법학자의 "내 이웃이 누구입니까?"라는 질문을 완전히 뒤집는 것이었습니다. "너는 누구의 이웃이 되겠느냐?"라고 물으심으로써, 질문의 방향을 전환하셨습니다.

여기서 결정적인 차이가 드러납니다. 율법학자는 이웃의 정의를 물으며, 자신이 얼마나 율법을 잘 지켰는지 확인받으려 했습니다. 그가 원했던 것은 '해야 할 일과 하지 말아야 할 일'을 명확히 구분 짓는 것이었습니다. 그러나 예수님은 '내 이웃이 누구인가?'에서 '나는 이웃인가?'라는 관점으로 생각해 보게 하셨습니다. 율법학자가 행동의 경계를 그으려 했다면, 예수님은 마음의 태도를 바꾸시려 했습니다.

율법학자의 초점은 '해야 할 일'에 맞춰져 있었습니다. '누구에게, 얼마나, 어떻게 해야 하는가?'가 그의 관심사였습니다. 그러나 예수님

은 행동 이전에 '어떤 사람이 되어야 하는가?'를 강조하셨습니다. 선한 사마리아인의 비유를 통해 예수님은 이웃 사랑의 본질이 그저 규칙이나 의무를 따르는 것이 아니라, '마음에서 시작되는 긍휼'임을 보여주셨습니다. 제사장과 레위인은 율법에 충실했지만, 그들의 충실함은 생명을 살리는 마음보다 자신을 보호하는 데 집중되어 있었습니다. 반면 사마리아인은 율법을 논하지 않았습니다. 그는 '긍휼히 여기는 마음'을 가진 사람이었고, 자연스럽게 그 마음으로 행동한 사람이었습니다.

이것이 예수님이 전하시고자 하는 핵심 메시지입니다. 이웃 사랑은 규정된 범위 안의 '해야 할 일'이 아닌, '존재와 삶에서 흘러나오는 자연스러운 열매'입니다. 강도 만난 사람을 돕는 일은 '해야 할 목록 중 하나'가 아니었습니다.

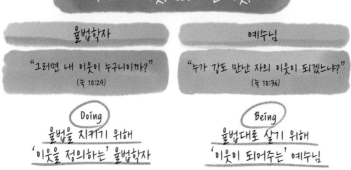

누가 내 이웃? vs. 너는 이웃?

| 율법학자 | 예수님 |
|---|---|
| "그러면 내 이웃이 누구니이까?" (눅 10:29) | "누가 강도 만난 자의 이웃이 되겠느냐?" (눅 10:36) |
| Doing | Being |
| 율법을 지키기 위해 '이웃을 정의하는' 율법학자 | 율법대로 살기 위해 '이웃이 되어주는' 예수님 |

## 율법을 넘어 아버지의 마음으로

누가복음 10장 26절에서 예수님은 율법학자에게 "네가 (율법을) 어떻게 읽느냐?"라고 물으십니다. 이는 율법의 내용을 어떻게 이해하고 삶에 적용하고 있는지를 묻는 것입니다. 율법은 단순히 규칙과 명령의 모음이 아니라 '하나님의 마음'을 담은 살아있는 말씀이었지만, 율법학자는 문자적 해석에만 머물렀습니다. 그러나 우리는 말씀을 읽을 때 율법학자처럼 '해야 할 것과 하지 말아야 할 것'을 찾는 데 그쳐서는 안 됩니다. 거기서 그친다면 하나님의 마음을 놓칠 수 있기 때문입니다.

## 하나님 나라를 누리는 긍휼

선한 사마리아인의 비유는 '누구를 도와야 하는가?'라는 질문을 넘어섭니다. 이는 '어떻게 하나님 나라를 누릴 것인가?'에 관한 깊은 통찰을 담고 있습니다. 하나님 나라는 우리의 마음이 하나님의 긍휼과 얼마나 깊이 연결되어 있는가로 드러납니다. 하나님 나라는 우리를 향한 아버지의 긍휼에서 시작되었습니다. 우리는 그 긍휼 속에서 구원받았고, 은혜를 누리는 존재가 되었습니다.

예수님은 이 비유를 통해 "너의 중심이 하나님의 긍휼과 진정으로 맞닿아 있는가?"라고 우리에게 물으십니다. 하나님 나라는 우리의 마음이 하나님의 마음과 하나 될 때 경험됩니다. 타인의 아픔에 우리의 마음이 자연스럽게 움직이고, 그 마음이 실제적인 도움과 섬김의 행동으로 이어질 때 우리는 하나님 나라를 함께 누릴 수 있습니다.

# Abby's Question

1. 여러분은 지금 누구에게 이웃이 되고 있나요?

2. 여러분이 말씀을 읽으며, 하나님의 마음에 더 가까이 다가가는 데 도움이
되었던 방법이나 태도는 무엇인가요?

# Chapter 6

# 나눔,
# 어리석은 부자

심중에 생각하여 이르되
"내가 곡식 쌓아 둘 곳이 없으니 어찌할까?" 하고
눅12:17

# 1. 비유를 말씀하시기 전 상황: 탐심 가득한 한 사람

누가복음 12:13~20

13 무리 중에 한 사람이 이르되 선생님 내 형을 명하여 유산을 나와 나누게 하소서 하니

14 이르시되 이 사람아 누가 나를 너희의 재판장이나 물건 나누는 자로 세웠느냐 하시고

15 그들에게 이르시되 삼가 모든 탐심을 물리치라 사람의 생명이 그 소유의 넉넉한 데 있지 아니하니라 하시고

16 또 비유로 그들에게 말하여 이르시되 한 부자가 그 밭에 소출이 풍성하매

17 심중에 생각하여 이르되 내가 곡식 쌓아 둘 곳이 없으니 어찌할까 하고

18 또 이르되 내가 이렇게 하리라 내 곳간을 헐고 더 크게 짓고 내 모든 곡식과 물건을 거기 쌓아 두리라

19 또 내가 내 영혼에게 이르되 영혼아 여러 해 쓸 물건을 많이 쌓아 두었으니 평안히 쉬고 먹고 마시고 즐거워하자 하리라 하되

20 하나님은 이르시되 어리석은 자여 오늘 밤에 네 영혼을 도로 찾으리니 그러면 네 준비한 것이 누구의 것이 되겠느냐 하셨으니

예수님께 한 사람이 다가와 "선생님, 내 형을 명하여 유산을 나와 나누게 하소서"라고 간청했습니다. 이 요청의 배경에는 예수님의 권위와 능력을 인정하는 마음이 담겨있지만, 더 깊이 들여다보면, 그는 예수님을 자신의 욕망을 이루는 도구로 삼으려는 의도가 있었

습니다. 그는 '예수님이라면 내 형을 설득할 수 있을 것이고, 그러면 내 유산 문제도 해결될 것이다'라고 생각했던 것입니다.

예수님은 그의 요청에 "이 사람아, 누가 나를 너희의 재판장이나 물건 나누는 자로 세웠느냐?"라고 답하시며 단호히 거절하셨습니다. 왜냐하면 그의 진짜 문제는 유산 분배가 아니라 마음 깊이 자리 잡은 탐심이었기 때문입니다. 유산을 두고 분쟁하는 이 사람은 아마도 부유한 집안 출신이었을 것입니다. 당시에는 유산을 기대할 수 있는 사람이 많지 않았기 때문입니다. 이 사람은 이미 어느 정도 유산을 받았을 가능성이 큼에도 더 많은 것을 욕심내고 있었습니다.

예수님은 이 사람의 탐심을 보시면서, 동시에 이런 탐심이 모든 사람의 마음속에 잠재해 있음을 아셨습니다. 그래서 무리를 향해 "삼가 모든 탐심을 물리치라. 사람의 생명이 그 소유의 넉넉한 데 있지 아니하니라"라고 말씀하셨습니다.

### 탐심의 본질과 영향

골로새서 3:5
그러므로 땅에 있는 지체를 죽이라 곧 음란과 부정과 사욕과 악한 정욕과 탐심이니 탐심은 우상 숭배니라

103

탐심은 인간의 본능에서 비롯되며, 결코 부유한 사람만의 문제가
아닙니다. 가난한 사람도 갖고 싶은 것을 향한 욕망에 사로잡힐
수 있습니다. 탐심은 우리의 마음을 왜곡시켜 진정으로 소중한 것
을 보지 못하게 만듭니다. 골로새서 3:5는 탐심을 '우상숭배'라고
정의합니다. 이는 탐심이 무엇을 바라는 마음을 넘어, 그것에 과
도하게 몰두하고 의지하는 마음임을 드러냅니다. 우리는 탐하는
대상을 끊임없이 생각하고 추구하며 집착합니다. 결국 탐심은 하
나님이 계셔야 할 자리에 다른 것을 앉히는 것입니다.

탐심은 사람마다 다른 모습으로 나타납니다. 어떤 이에게는 돈이,
또 다른 이에게는 인정이나 성공, 혹은 실력이 될 수 있습니다. 중
요한 것은 '우리의 마음이 무엇을 바라고 무엇에 의지하고 있느냐'
입니다. 만약 우리의 중심이 하나님이 아닌 어떤 것을 엄청나게 바
라고 있다면, 우리는 이미 탐심의 그물에 걸려든 것입니다.

지금부터는 탐심을 다루는 어리석은 부자 비유를 좀 더 살펴보겠습
니다.

## 2. 비유 속 어리석은 부자의 세 가지 착각

예수님은 비유 속 부자를 "어리석다"라고 하셨습니다. 그렇게 말씀 하신 데는 분명한 이유가 있었습니다. 이 부자는 어떤 생각을 가졌는 지, 예수님은 왜 이 부자를 어리석다고 하셨는지 자세히 알아봅시다.

### 착각 1. 내 수중의 것은 전부 '내 것'

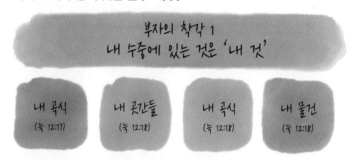

한 부자에게 밭이 있었고 그 해는 특별히 수확이 풍성해서, 기존 의 곳간으로는 감당할 수 없을 정도였습니다. 이 부자는 자신이 가진 이 많은 것이 다 자기 소유라고 생각했습니다. 본문에 반복 적으로 등장하는 '내 곡식, 내 곳간, 내 물건'이라는 표현에서 그 의 생각이 그대로 드러납니다.

### 착각 2. 재물은 나를 위해 '쌓아두는 것'

어리석은 부자는 '풍성한 수확으로 할 수 있는 일이 무엇일까?' 생 각하다가 '나를 위해 쌓아두는 것이 최고'라고 결론지었습니다.

소유가 많아졌을 때 그는 오직 더 많이 모으고 저장하는 데만 집중하며, '쌓아두는 것이 가장 안전하고 제일 나은 선택'이라고 굳게 믿었습니다.

### 착각 3. 많은 소유는 '평안과 쉼과 즐거움을 보장'

어리석은 부자는 자기 자신에게 "영혼아, 여러 해 쓸 물건을 많이 쌓아두었으니 평안히 쉬고 먹고 마시고 즐거워하자"라고 말했습니다. 그는 쌓아둔 곡식이 인생의 모든 어려움을 해결해 줄 것이라 믿으며, 많은 재물이 평안과 쉼 그리고 영원한 즐거움을 보장해 줄 거로 생각했습니다.

# 3. 어리석은 부자의 세 가지 착각과 대비되는 성경에서 말하는 진리

예수님은 비유의 마지막에서 "자기를 위하여 재물을 쌓아두고 하나님께 대하여 부요하지 못한 자는 어리석다"라고 날카로운 한마디로 결론을 내리셨습니다. 이 말씀은 오늘을 사는 우리에게도 경각심을 일으킵니다. 우리는 어떻게 해야 이 어리석은 부자의 전철을 밟지 않을 수 있을까요? 앞서 살펴본 어리석은 부자의 세 가지 착각과 대비되는 성경 말씀을 읽으면서, 탐심의 덫에서 벗어나 하나님 나라의 풍성함을 누리는 길을 함께 찾아보겠습니다.

## 진리 1. 모든 것은 다 '그분 것'

성경은 분명하게 말합니다. '땅과 그 안에 있는 모든 것, 그리고 그 가운데 사는 자들까지도 다 여호와의 것'이라고요. 우리가 가진 모든 것은 하나님의 것이며, 우리는 그것을 잠시 맡은 청지기일 뿐입니다. 무언가를 '내 것'으로 여길 때, 탐심은 쉽게 자리 잡습니다. 그러나 "하나님께서 왜 이것을 내게 맡기셨을까?"라고 묻는 순간, 우리의 마음은 달라집니다.

'내가 열심히 노력해서 번 것인데, 왜 이것을 내 것이라 할 수 없지?'라는 생각이 들 수도 있습니다. 그런 생각이 들 때, 신명기 8장 17~18절 말씀을 기억해야 합니다. 성경은 "네 능력과 네 손의 힘으로 재물을 얻었다고 말하지 말라. 그 능력을 주신 분은 바로 여호와다"라고 말합니다. 우리가 가진 건강, 지혜, 재능, 그리고 재물을 얻을 수 있는 환경 모두가 하나님께서 주신 선물입니다. 우리의 노력으로 얻은 것처럼 보이는 모든 것도 결국 하나님의 은혜가 있었기에 가능했던 것입니다.

## 진리 2. 재물은 아버지 마음이 있는 곳에 '나누는 것'

> 잠언 19:17
> 가난한 자를 불쌍히 여기는 것은 여호와께 꾸어 드리는 것이니 그의 선행을 그에게 갚아 주시리라

디모데전서 6:17~18

17  네가 이 세대에서 부한 자들을 명하여 마음을 높이지 말고 정함
    이 없는 재물에 소망을 두지 말고 오직 우리에게 모든 것을 후
    히 주사 누리게 하시는 하나님께 두며

18  선을 행하고 선한 사업을 많이 하고 나누어 주기를 좋아하며 너
    그러운 자가 되게 하라

어리석은 부자는 재물이 많아졌을 때 자신을 위해 '쌓아두는 것'이
최선이라 생각했습니다. 이미 곳간이 가득했음에도 더 큰 곳간을 지
어 자기 재산을 저장하려 했습니다. 그러나 성경은 재물이 넘칠 때
그것을 쌓아두는 대신 나누는 것이 하나님의 뜻이라고 가르칩니다.

하나님의 마음은 나눔에 있습니다. 잠언 19장 17절에서는 "가난
한 자를 불쌍히 여기는 것은 여호와께 꾸어 드리는 것이니, 그의
선행을 그에게 갚아 주시리라"라고 말합니다. 모든 것이 하나님
께 속해있다는 것을 이해한다면 이 약속이 얼마나 특별한지 알 수
있습니다. 하나님은 우리가 가난한 자를 돕는 것을 당신께 한 일
로 여기시고, 그 선행을 반드시 갚아 주시겠다고 약속하십니다.

디모데전서 6장 17절은 재물은 '소망을 둘 수 없는 불확실한 것'이
라고 경고합니다. 아무리 많은 재물을 모아두어도 그것이 우리의
평안과 안전을 보장할 수 없습니다. 경제적 위기, 화폐 가치의 하

락, 자연재해, 정치적 혼란 등으로 우리가 쌓아둔 재물은 언제든 사라질 수 있습니다. 우리는 이런 불확실한 재물이 아닌, 확실하시며 우리의 필요를 넉넉히 채워주시는 하나님께 소망을 두어야 합니다.

디모데전서 6장 18절은 "선을 행하고, 선한 사업을 많이 하고, 나누어 주기를 좋아하며, 너그러운 자가 되게 하라"라고 구체적인 방향을 제시합니다. 하나님은 우리가 가진 것을 쌓아두기만 하지 말고, 하나님의 마음이 있는 곳으로 흘려보내라 명령하십니다. 하나님은 우리가 '자신을 위해 쌓는 자'가 아닌 '필요한 일을 위해 나누는 자'가 되기를 바라십니다.

### 진리 3. 소유가 많아도 '인생은 형통과 곤고가 병행'

전도서 7:14
형통한 날에는 기뻐하고 곤고한 날에는 되돌아 보아라 이 두 가지를 하나님이 병행하게 하사 사람이 그의 장래 일을 능히 헤아려 알지 못하게 하셨느니라

어리석은 부자는 풍성한 소유가 자신에게 영원한 평안과 즐거움을 보장해 주리라 믿었습니다. "내 영혼아, 여러 해 쓸 물건을 많이 쌓아두었으니 평안히 쉬고 먹고 마시고 즐거워하자"라는 그의 말에는 확신이 묻어납니다.

그러나 모든 인생에는 힘든 시간과 즐거운 시간이 둘 다 있기 마련입니다. 아무리 재물이 많다고 해도 그것이 어려움이 전혀 없는 삶을 보장할 수 없습니다. 전도서 역시 이러한 진리를 우리에게 알려줍니다. 전도사 7장 14절에는 "하나님이 형통한 날과 곤고한 날을 병행하게 하셨다"라고 쓰여있습니다. 인생에는 늘 형통한 날만 있지 않습니다. 형통과 곤고는 우리 삶에 함께 찾아옵니다. 아무리 넉넉한 소유라도 우리를 영원히 보호하거나 인생의 모든 어려움을 막아줄 수는 없습니다. 형통과 곤고를 병행하게 하시는 하나님은 우리가 오직 그분 안에서만 참된 소망을 발견하도록 이끄십니다.

## 재물/소유에 관한 진리

| | |
|---|---|
| 내 수중의 것은 전부 내 것 | 내가 가진 모든 것은 그분의 것 |
| 재물은 나를 위해 쌓아두는 것 **VS.** | 재물은 아버지 마음이 있는 곳에 나누는 것 |
| 많은 소유는 평안과 쉼과 즐거움을 보장 | 소유가 많아도 모든 인생은 형통과 곤고가 병행 |

## 하나님 나라를 누리는 나눔

재물은 결코 소유만을 위해 주어진 것이 아닙니다. 하나님은 우리가 가진 것을 통해 다른 이들의 필요를 채우고, 그분의 사랑을 세상에 흘려보내기를 원하십니다. 우리가 하나님께 받은 축복을 나누고 흘려보낼 때, 우리는 함께 하나님 나라의 풍성함을 맛보게 됩니다.

우리가 물질을 나눌 때, 그것은 그저 물질만 주고받는 것이 아닙니다. 나눔을 통해 우리는 다른 이들에게 생명을 불어넣고, 하나님 나라의 기쁨을 함께 누리는 기회를 줄 수 있습니다. 나눔은 단순한 의무가 아니라, 하나님께서 주신 것을 함께 나누며 더 큰 기쁨을 경험하는 과정입니다. 탐심을 내려놓고 우리에게 맡겨진 것을 흘려보낼 때, 우리는 하나님 나라의 풍요로움과 깊은 기쁨을 맛보게 됩니다. 진정한 부요함은 바로 이 나눔 속에서 드러납니다.


## 4. 탐심과 염려에서 벗어나는 방법: 한 주인을 섬김

마태복음 6:24~26

24 한 사람이 두 주인을 섬기지 못할 것이니 혹 이를 미워하고 저를 사랑하거나 혹 이를 중히 여기고 저를 경히 여김이라 너희가 하나님과 재물을 겸하여 섬기지 못하느니라
25 그러므로 내가 너희에게 이르노니 목숨을 위하여 무엇을 먹을

까 무엇을 마실까 몸을 위하여 무엇을 입을까 염려하지 말라 목숨
이 음식보다 중하지 아니하며 몸이 의복보다 중하지 아니하냐
26 공중의 새를 보라 심지도 않고 거두지도 않고 창고에 모아들이
지도 아니하되 너희 하늘 아버지께서 기르시나니 너희는 이것
들보다 귀하지 아니하냐

마태복음 6장 24~26절은 탐심과 염려에 관한 깊은 통찰을 줍니
다. 특히 25절의 '그러므로'라는 연결어를 주목해서 보아야 합니
다. '그러므로'는 앞의 내용이 뒤의 내용의 이유나 근거가 될 때
쓰이는 말입니다. 보통 우리는 '하나님이 우리를 귀하게 여기시므
로 염려할 필요가 없다'라고 생각합니다. 그렇다면 본문의 말씀도
26절이 먼저 나오고, 그다음에 25절이 나와야 할 것처럼 보입니
다. 하지만 실제로는 24절이 먼저 등장하고, 이어서 '그러므로'라
는 연결어를 통해 25절이 이어집니다. 이 순서를 주의 깊게 살펴
보면 성경은 "우리는 하나님이 주인이신 삶을 살기 때문에 염려
할 필요가 없다"라고 말하는 것입니다.

24절에서 예수님은 "한 사람이 두 주인을 섬기지 못할 것이니, 혹
이를 미워하고 저를 사랑하거나 혹 이를 중히 여기고 저를 경히
여김이라. 너희가 하나님과 재물을 겸하여 섬기지 못하느니라"라
고 말씀하십니다. 하나님을 섬기면서 동시에 재물이나 다른 것을

섬기려는 시도는 결국 우리 마음에 더 많은 염려를 만들어 냅니다. 하나님이 아닌 다른 것을 의지하게 되면 우리 마음은 끊임없는 부족함과 불안에 시달리게 됩니다. 더 많은 것을 소유하려 애를 쓰지만, 그렇다고 해서 참된 만족과 평안이 찾아오는 건 아닙니다. 하나님을 우리의 유일한 주인으로 섬길 때, 우리는 그분의 다스림 아래 염려로부터 자유로워질 수 있습니다. '그러므로'라는 연결어는 바로 여기서 그 깊은 의미를 드러냅니다.

우리는 흔히 이렇게 말합니다. "하나님, 제가 얼마나 귀한지 아시잖아요. 그러니 제 걱정을 해결해 주세요. 그러면 제가 더 잘 섬길게요."라고요. 하지만 마태복음 말씀은 이 순서를 완전히 뒤집습니다. "너는 정말 나를 유일한 주인으로 섬기고 있니?"를 먼저 묻습니다. 염려를 해결하는 열쇠는 하나님을 주인으로 인정하는 데 있습니다. 하나님이 우리 삶의 중심에 계실 때, 우리는 그 관계 안에서 우리가 얼마나 귀한 존재인지 깨닫게 됩니다. 염려를 내려놓고 하나님의 돌보심 안에서 평안을 누리는 삶, 이것이 바로 하나님 나라를 누리는 삶의 모습입니다.

# Abby's Question

1. 살아오면서 가장 많이 들었던 돈에 대한 말은 무엇인가요? (예: 돈 좀 아껴 써라, 돈 없다, 돈돈돈 하지 마라 등) 그 말을 떠올리면 어떤 감정과 생각이 드나요?

2. 여러분은 어떤 재정 원칙을 가지고 있나요? (예: 10%는 십일조를 한다, 책을 사는 데는 돈을 아끼지 않는다. 매달 얼마는 꼭 저축한다 등) 살면서 가장 많이 들었던 돈에 대한 말은 지금 여러분의 재정 원칙에 어떤 영향을 주었나요?

3. 지금 여러분의 '재정의 충분도'와 '삶의 충만도'는 각각 10점 만점에 몇 점인가요? 그 점수를 준 이유는 무엇인가요?

*Chapter 7.*

# 은혜,
# 포도원 주인

천국은 마치 품꾼을 얻어 포도원에 들여 보내려고
이른 아침에 나간 집 주인과 같으니
마 20:1

## 1. 포도원 주인 비유 속 등장인물

앞으로 두 장에서는 예수님께서 천국, 곧 하나님 나라를 직접적으로 설명하신 비유들을 살펴보려 합니다. 이는 사람들이 잘못 이해하고 있는 하나님 나라에 관한 관점과 그들이 무심코 품고 있는 잘못된 기대에 대해 돌아볼 수 있도록 주신 가르침입니다. 먼저이 비유의 등장인물들을 자세히 살펴보겠습니다.

### 등장인물 1. 포도원 주인

마태복음 20:1~7

1  천국은 마치 품꾼을 얻어 포도원에 들여보내려고 이른 아침에 나간 집 주인과 같으니

2  그가 하루 한 데나리온씩 품꾼들과 약속하여 포도원에 들여보내고

3  또 제삼시에 나가 보니 장터에 놀고 서 있는 사람들이 또 있는지라

4  그들에게 이르되 너희도 포도원에 들어가라 내가 너희에게 상당하게 주리라 하니 그들이 가고

5  제육시와 제구시에 또 나가 그와 같이 하고

6  제십일시에도 나가 보니 서 있는 사람들이 또 있는지라 이르되 너희는 어찌하여 종일토록 놀고 여기 서 있느냐

7  이르되 우리를 품꾼으로 쓰는 이가 없음이니이다 이르되 너희도 포도원에 들어가라 하니라

### 주인의 관심

포도원 주인의 비유는 천국에 대한 예수님의 강렬한 메시지를 담

고 있습니다. 비유의 첫 장면에서 주인은 이른 아침부터 품꾼을 데려오기 위해 열심히 움직였습니다. 그의 목적은 그저 일할 사람을 구하는 것이 아니라, 그들을 자신의 포도원으로 들어오게 하는 것이었습니다. 본문에 따르면 주인은 아침 6시(이른 아침), 9시(제 삼시), 12시(제 육시), 3시(제 구시), 그리고 5시(제 십일시)까지 총 다섯 번이나 나가 품꾼을 찾습니다. 그리고 그는 일을 잘하는 사람이나 더 많은 일을 할 수 있는 사람만 찾지 않고, 하루 종일 누구에게도 선택받지 못한 사람들까지 데려다가 포도원으로 들여보냈습니다. 주인의 행동을 자세히 들여다보면, 그의 관심은 수확량을 늘리는 데 있지 않음을 알 수 있습니다. 주인의 열정은 더 많은 사람이 자신의 포도원에 들어오도록 하는 데 있었습니다.

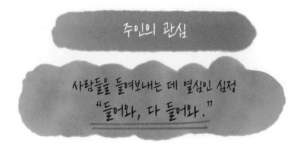

주인의 관심

사람들을 들여보내는 데 열심인 심정
"들어와, 다 들어와."

## 주인의 약속

주인은 각각의 품꾼에게 품삯을 약속합니다. 이른 아침에 온 품꾼들에게는 하루 한 데나리온을 약속했고, 9시와 12시에 온 이들에게는 "상당하게 주겠다"라고 말합니다. 본문에 나오진 않지만, 5시에 들어온 품꾼들에게도 주인은 품삯을 약속했을 것입니다.

## 등장인물 2. 나중 온 자와 먼저 온 자

마태복음 20:8~16

8 저물매 포도원 주인이 청지기에게 이르되 품꾼들을 불러 나중 온 자로부터 시작하여 먼저 온 자까지 삯을 주라 하니

9 제십일시에 온 자들이 와서 한 데나리온씩을 받거늘

10 먼저 온 자들이 와서 더 받을 줄 알았더니 그들도 한 데나리온씩 받은지라

11 받은 후 집 주인을 원망하여 이르되

12 나중 온 이 사람들은 한 시간밖에 일하지 아니하였거늘 그들을 종일 수고하며 더위를 견딘 우리와 같게 하였나이다

13 주인이 그 중의 한 사람에게 대답하여 이르되 친구여 내가 네게 잘못한 것이 없노라 네가 나와 한 데나리온의 약속을 하지 아니하였느냐

14 네 것이나 가지고 가라 나중 온 이 사람에게 너와 같이 주는 것이 내 뜻이니라

15 내 것을 가지고 내 뜻대로 할 것이 아니냐 내가 선하므로 네가 악하게 보느냐

16 이와 같이 나중 된 자로서 먼저 되고 먼저 된 자로서 나중 되리라

해가 저물자 주인은 청지기에게 품꾼들의 삯을 나누어주라 말했

습니다. 여기서 주목할 부분은, "나중 온 자부터 시작하여 먼저 온 자까지 삯을 주라"고 지시했다는 점입니다. 이 말은 이후에 벌 어질 상황을 의도적으로 계획한 주인의 뜻을 보여줍니다. 오후 5 시에 마지막으로 들어온 품꾼들이 먼저 삯을 받았습니다. 그들이 받은 것은 하루 일당인 한 데나리온이었습니다. 이를 본, 아침 6 시부터 일한 품꾼들은 '우리는 더 오래 일했으니 당연히 더 많이 받겠지'라고 생각하며 기대에 부풀었을 것입니다. 그러나 그들은 마지막에 온 품꾼들과 똑같은 한 데나리온을 받았습니다.

## 먼저 온 자들의 원망과 주인의 대답

먼저 온 품꾼들이 불만을 터뜨렸습니다. "나중 온 이 사람들은 한 시간밖에 일하지 아니하였거늘, 그들을 종일 수고하며 더위를 견 딘 우리와 같게 하셨나이다"라며 주인을 원망하였습니다. 그러나 그들의 불만은 단순히 받은 삯의 크기 때문만은 아니었습니다. "왜 내가 더 받지 못했는가?"라는 비교 의식에서 비롯된 불편한 감정 이 그들에게 있었기 때문입니다. 자신이 더 많은 시간과 노력을 들 였음에도 결과가 같다는 사실이 그들을 불평하게 만든 것입니다.

하지만 주인의 대답은 그들의 기대와는 완전히 달랐습니다. 주인 은 약속한 대로 주었으니 자신은 잘못하지 않았으며, '나중 온 이 사람에게 너와 같은 품삯을 주는 것이 나의 선한 뜻'이라고 말합니다. 주인의 대답은 간결하면서도 분명합니다. 그는 먼저 자신이 한 약속을 온전히 지켰음을 명확히 한 뒤, 자신이 한 행동은 선한 것임을 설명합니다. 그의 초점은 인간이 기대하는 공정성이 아닌 '선함' 그 자체에 있었습니다. 주인의 선함은 품삯을 주는 계산 방식에 있지 않았습니다. 그는 나중에 온 사람들에게도 동일한 보상을 주며, 그들이 생계를 이어갈 수 있도록 배려했습니다.

원망의 이유

주인을 향한 왜곡된 인식과 기대

## 2. 포도원 주인 비유로 보는 하나님 나라

천국은 어떤 곳일까요? 사람들은 천국을 죽어서 가는 곳, 고통 없는 평안한 장소, 혹은 아름답고 완전한 세계 등으로 다양하게 상상합니다. 예수님 당시 유대인들도 메시아를 기다리며 하나님 나라에 대한 각자의 기대를 품고 있었습니다.

그러나 예수님은 포도원 주인의 비유를 통해 천국에 관해 전혀 다른 시각을 보여주셨습니다. 천국은 '상황'이나 '장소'가 아닌, 마치 품꾼을 얻어 포도원에 들여보내려고 이른 아침에 나간 '집주인'과 같다고 말씀하셨습니다. 집주인의 본성과 행동을 통해 천국이 드러납니다. 이 비유의 핵심은 집주인의 어떠하심을 발견하는 데 있습니다.

## 약속한 '품삯'이 있는 나라

포도원 주인은 품삯을 약속하고 그 약속을 지켰습니다. 하나님 나라도 이와 같습니다. 약속한 상이 있고, 하나님은 그 약속대로 상을 주십니다. 히브리서 11장 6절에는 "믿음이 없이는 하나님을 기쁘시게 하지 못하나니, 하나님께 나아가는 자는 반드시 그가 계신 것과 자기를 찾는 자들에게 상 주시는 이심을 믿어야 할지니라"라고 쓰여있습니다. 하나님의 존재를 인정하는 데 그치지 말고, 하나님이 자신을 찾는 자에게 주실 상을 기대하고 믿으라고 말합니다. 천국은 그렇게 기대하고 믿는 우리가 누릴 수 있는 나라입니다.

## 품삯은 주인의 '어떠하심'에 따라 '은혜'로 받는 나라

천국의 또 다른 핵심은 품삯이 우리의 노력이나 행위가 아닌, 선한 주인의 관대한 은혜로 주어진다는 점입니다. 비유 속 먼저 온 자들은 종일 수고했기에 더 많은 품삯을 받을 자격이 있다고 생각했습니다. 그들의 원망은 바로 여기서 비롯합니다. "우리는 종일 더위를 견디며 일했는데, 한 시간밖에 일하지 않은 사람들과 똑

같이 받는 것은 부당하다"라는 것이죠.

그러나 주인은 "나중에 온 사람에게 너와 같이 품삯을 주는 것이
내 뜻이다. 내가 선해서 그렇게 하는 것을 네가 악하게 보느냐?"
라고 말했습니다. 주인은 품삯이 자신의 선함에서 비롯된 은혜의
선물임을 강조합니다. 이 품삯은 품꾼들이 노력한 대가이기도 하
지만, 그보다는 주인의 어떠하심에 더 좌우되는 것입니다.

천국은 우리의 행위에 따라 보상이 늘어나거나 줄어드는 곳이 아
닙니다. 천국의 상은 전적으로 주인의 성품에 근거합니다. 우리
는 종종 우리의 노력이나 헌신 때문에 더 큰 상을 기대하지만, 천
국의 논리는 세상의 논리와 완전히 다릅니다. 천국은 행함의 결과
물이 아닌, 선한 주인이 베푸는 은혜가 있는 나라입니다.

세상 논리 vs. 하나님 나라 논리

수고에 비례한
보상,
나의 행함이
근거

VS.

은혜로 주어지는
보상,
그분의 어떠하심이
전부

## 주인과 사귀는 만큼 누리는 나라

포도원 비유에서 먼저 온 자의 입장을 다시 생각해 봅시다. 먼저 온 자가 하나님 나라를 누린다는 것은 무엇일까요? 그것은 바로 약속된 품삯을 넘어, '주인을 누리는 것'입니다. 먼저 온 자들은 주인과 더 오랜 시간을 보낼 기회가 있었습니다. 주인과 마음을 나누고, 그의 선함과 관대함, 열정을 가까이에서 경험할 수 있었습니다. 따뜻한 주인과 눈을 마주치고 대화하며 충분히 기뻐했다면, 그 기쁨은 한 데나리온이라는 품삯에 비할 바가 아니었을 것입니다.

또한 주인과 충만한 사귐을 누렸다면, 나중에 온 사람과 자신을 비교하지 않고 나중에 온 사람을 환영할 수 있었을 것입니다. 주인의 마음을 더 깊이 알게 되었기에 종일토록 일자리를 기다리며 고통스러웠을, 나중에 온 사람들을 따뜻하게 맞이할 수 있지 않았을까요? 주인의 마음을 품고 그들의 소망 없던 하루를 공감하며 "정말 힘들었겠구나. 이제는 너도 포도원에 들어왔으니 함께 누리자"라고 말할 수 있었겠지요.

하지만 포도원 주인 비유 속 먼저 온 사람들의 모습은 탕자의 비유에 나오는 첫째 아들이 떠오르게 합니다. 아버지 곁에 있었지만, 아버지를 진정으로 누리지 못했던 첫째 아들은 동생이 돌아왔을 때 원망과 불평을 쏟아냈습니다. 만약 그가 아버지와 깊은 사큄을 누렸더라면 아버지와 같은 마음으로 동생을 맞이할 수 있었을 텐데 말이죠.

주인을 아는 만큼 누리는 나라, 주인과 사귀는 만큼 누리는 나라, 이것이 천국의 본질입니다. 하나님 나라에서 중요한 것은 '내가 언제 왔는가' 혹은 '내가 무엇을 얼마나 했는가'가 아닙니다. '내가 그분의 어떠하심을 얼마나 알아가며, 그 관계를 누리며 살아가는가'가 핵심입니다. 천국은 주인의 마음을 알고 그 마음을 닮아가며 함께 누리는 나라입니다.

## 3. 공로가 아닌 은혜로 바라는 나라

마태복음 20장에 나오는 포도원 주인 비유의 교훈은 마태복음 19장 속 예수님과 제자들 간의 대화를 살펴보면 더 선명하게 드러납니다.

### 부자 청년의 행동

마태복음 19:16~23

16 어떤 사람이 주께 와서 이르되 선생님이여 내가 무슨 선한 일을 하여야 영생을 얻으리이까

17 예수께서 이르시되 어찌하여 선한 일을 내게 묻느냐 선한 이는

오직 한 분이시니라 네가 생명에 들어 가려면 계명들을 지키라

18 이르되 어느 계명이오니이까 예수께서 이르시되 살인하지 말라, 간음하지 말라, 도둑질하지 말라, 거짓 증언 하지 말라,

19 네 부모를 공경하라, 네 이웃을 네 자신과 같이 사랑하라 하신 것이니라

20 그 청년이 이르되 이 모든 것을 내가 지키었사온대 아직도 무엇이 부족하니이까

21 예수께서 이르시되 네가 온전하고자 할진대 가서 네 소유를 팔아 가난한 자들에게 주라 그리하면 하늘에서 보화가 네게 있으리라 그리고 와서 나를 따르라 하시니

22 그 청년이 재물이 많으므로 이 말씀을 듣고 근심하며 가니라

23 예수께서 제자들에게 이르시되 내가 진실로 너희에게 이르노니 부자는 천국에 들어가기가 어려우니라

마태복음 19장에서 한 부자 청년이 예수님께 "내가 무슨 선한 일을 해야 영생을 얻을 수 있습니까?"라고 물었습니다. 이에 예수님은 그에게 "네 소유를 팔아 가난한 자들에게 주라 그리하면 하늘에서 보화가 네게 있으리라"라고 대답하셨습니다. 이 말씀을 들은 청년은 재물이 많았기에 근심하며 돌아섰습니다.

## 베드로의 기대

마태복음 19:27~30

27 이에 베드로가 대답하여 이르되 보소서 우리가 모든 것을 버리고 주를 따랐사온대 그런즉 우리가 무엇을 얻으리이까

28 예수께서 이르시되 내가 진실로 너희에게 이르노니 세상이 새롭게 되어 인자가 자기 영광의 보좌에 앉을 때에 나를 따르는 너희도 열두 보좌에 앉아 이스라엘 열두 지파를 심판하리라

29 또 내 이름을 위하여 집이나 형제나 자매나 부모나 자식이나 전토를 버린 자마다 여러 배를 받고 또 영생을 상속하리라

30 그러나 먼저 된 자로서 나중 되고 나중 된 자로서 먼저 될 자가 많으니라

부자 청년과 예수님의 대화를 듣고 베드로가 흥미로운 질문을 던졌습니다. "우리는 모든 것을 버리고 주를 따랐으니, 그런즉 우리가 무엇을 얻으리이까?"라고 물었습니다. 베드로는 자신이 부자 청년과 다르다고 확신했습니다. 모든 것을 버리고 예수님을 따랐기에, 당연히 그에 걸맞은 더 큰 상을 받아야 한다고 기대했습니다.

포도원 비유는 베드로의 이 질문을 듣고 예수님이 들려주신 이야기입니다. 베드로의 생각은 포도원 비유 속 먼저 온 사람들의 생각과 닮았습니다. 먼저 온 사람들이 종일 더위 속에서 수고했기에 나중에 온 사람들보다 더 큰 보상을 기대했듯이, 베드로도 자신의

희생과 헌신에 대한 특별한 보상을 기대했던 것입니다.

## 은혜를 바라는 나라

예수님은 제자들에게 "먼저 된 자로서 나중 되고, 나중 된 자로서 먼저 될 자가 많으니라"라고 말씀하셨습니다. 이는 하나님 나라가 인간의 논리와 계산을 완전히 뛰어넘는 은혜의 나라임을 강조하신 것입니다. 하나님 나라는 우리의 자격이나 공로로 정의되지 않습니다. 그것은 오직 주인의 은혜와 선하심에 기초합니다. 이은혜는 우리의 노력에 비례하지 않으며, 오히려 우리가 가장 자격 없다고 느낄 때 풍성하게 부어집니다. 이것이 바로 천국의 놀라운 역설입니다.

천국은 스스로 의롭다 여기는 자들이 아닌, 자신의 부족함과 한계를 인정하며 주인의 은혜를 구하는 이들에게 열립니다. 가나안 여인의 겸손한 고백이나, 간음하다 현장에서 잡힌 여인을 향한 예수님의 용서처럼, 하나님의 은혜는 자격 없는 자들에게 넘치게 흘러갑니다.

하나님 나라를 누린다는 것은 주인의 성품과 마음을 신뢰하며 살아가는 것입니다. 이 은혜를 깨달을 때 우리는 더 이상 비교와 경쟁에 매이지 않고, 감사와 겸손으로 그 나라의 참된 기쁨을 누릴 수 있습니다.

# Abby's Question

1. 지금의 여러분은 '먼저 온 자'에 가깝나요, '나중에 온 자'에 가깝나요?

2. 여러분에게 하나님은 어떤 주인이신가요?

# Chapter 8

# 충성,
# 귀인과 열 므나

이르되 내가 돌아올 때까지
장사하라  눅19:13

# 1. 열 므나 비유 속 등장인물

열 므나 비유는 예수님께서 하나님 나라의 본질과 그 나라를 기다리는 이들의 태도를 가르치시고자 주신 말씀입니다. 비유는 한 귀인이 왕위를 받기 위해 먼 나라로 떠나는 장면으로 시작합니다. 그는 떠나기 전 종들에게 각각 한 므나씩을 맡기며, 자신이 돌아올 때까지 그것으로 장사하라고 명령했습니다. 이제 이 비유에 등장하는 세 부류의 사람들을 자세히 살펴보겠습니다.

## 귀인이 왕위를 받으러 가기 전

누가복음 19:12~14

12 이르시되 어떤 귀인이 왕위를 받아가지고 오려고 먼 나라로 갈 때에

13 그 종 열을 불러 은화 열 므나를 주며 이르되 내가 돌아올 때까지 장사하라 하니라

14 그런데 그 백성이 그를 미워하여 사자를 뒤로 보내어 이르되 우리는 이 사람이 우리의 왕 됨을 원하지 아니하나이다 하였더라

### 등장인물 1. 귀인

누가복음 19장 12절에 따르면 귀인은 왕위를 받기 위해 먼 나라로 떠났습니다. '먼 나라로 간다'라는 표현은 물리적 거리를 넘어, 왕위를 받기까지의 과정이 길고 복잡할 수 있음을 암시합니다. 귀인

은 떠나기 전에 종들을 불러 은화 한 므나씩을 나누어 주며, "내가 돌아올 때까지 장사하라"는 명령을 내렸습니다.

### 등장인물 2. 백성

비유 속 백성들은 귀인을 미워하며 그의 왕권을 거부했습니다. 누가복음 19장 14절에서 그들은 "우리는 이 사람이 우리의 왕 됨을 원하지 아니하나이다"라고 말하며, 귀인을 향한 반감을 드러냈습니다. 그들은 마음속 반대에 그치지 않고, 귀인의 통치를 막기 위해 행동에 나섰습니다. 자신들의 대표를 보내어 귀인이 왕이 되는 것을 필사적으로 방해했습니다.

### 등장인물 3. 귀인의 종들

열 명의 종은 귀인에게 각각 한 므나씩을 받고 "내가 돌아올 때까지 장사하라"는 명령을 들었습니다. 주인이 없는 동안, 종들은 주인의 뜻에 따라 행동해야 했습니다.

## 귀인이 왕위를 받아서 돌아온 후

누가복음 19:15~27

15 귀인이 왕위를 받아가지고 돌아와서 은화를 준 종들이 각각 어떻게 장사하였는지를 알고자 하여 그들을 부르니

16 그 첫째가 나아와 이르되 주인이여 당신의 한 므나로 열 므나를

남겼나이다

17 주인이 이르되 잘하였다 착한 종이여 네가 지극히 작은 것에 충
성하였으니 열 고을 권세를 차지하라 하고

18 그 둘째가 와서 이르되 주인이여 당신의 한 므나로 다섯 므나를
만들었나이다

19 주인이 그에게도 이르되 너도 다섯 고을을 차지하라 하고

20 또 한 사람이 와서 이르되 주인이여 보소서 당신의 한 므나가
여기 있나이다 내가 수건으로 싸 두었었나이다

21 이는 당신이 엄한 사람인 것을 내가 무서워함이라 당신은 두지
않은 것을 취하고 심지 않은 것을 거두나이다

22 주인이 이르되 악한 종아 내가 네 말로 너를 심판하노니 너는
내가 두지 않은 것을 취하고 심지 않은 것을 거두는 엄한 사람
인 줄로 알았느냐

23 그러면 어찌하여 내 돈을 은행에 맡기지 아니하였느냐 그리하
였으면 내가 와서 그 이자와 함께 그 돈을 찾았으리라 하고

24 곁에 섰는 자들에게 이르되 그 한 므나를 빼앗아 열 므나 있는
자에게 주라 하니

25 그들이 이르되 주여 그에게 이미 열 므나가 있나이다

26 주인이 이르되 내가 너희에게 말하노니 무릇 있는 자는 받겠고
없는 자는 그 있는 것도 빼앗기리라

27 그리고 내가 왕 됨을 원하지 아니하던 저 원수들을 이리로 끌어
다가 내 앞에서 죽이라 하였느니라

귀인이 왕위를 받아 돌아오자 곧바로 은화를 맡긴 종들을 불러

"어떻게 장사했니?"라고 물었습니다. 그는 "장사 잘했니? 얼마를 벌었니?"라고 묻지 않았습니다.

## 등장인물 1. 착하다 칭찬받은 종

첫 번째 종이 나와 "주인이 주신 한 므나로 열 므나를 남겼습니다"라고 답했습니다. 이에 귀인은 그를 칭찬하며 "잘하였다, 착한 종아. 네가 지극히 작은 것에 충성하였으니 열 고을을 다스릴 권세를 차지하라"라고 말했습니다. 두 번째 종도 나와 "주인이 주신 한 므나로 다섯 므나를 남겼습니다"라고 했습니다. 귀인은 그도 칭찬하며 다섯 고을의 권세를 맡겼습니다. 이 두 종은 귀인의 명령에 충성했고, 자신에게 맡겨진 므나를 적극적으로 활용하여 이윤을 남겼습니다.

## 등장인물 2. 악하다 책망받은 종

그러나 세 번째 종은 완전히 다른 모습을 보였습니다. 그는 주인에게 한 므나를 그대로 돌려주며 "주인이 무서운 분이라서 아무것도 하지 않았습니다. 수건에 싸서 보관했습니다"라고 말했습니다. "당신은 두지 않은 것을 취하고 심지 않은 것을 거두는 엄한 분이 아닙니까?"라며 자신의 책임을 회피하였습니다.

귀인은 그의 핑계를 듣고 "악한 종아, 내가 엄한 사람인 줄 알았다면 왜 내 돈을 은행에 맡기지 않았느냐? 그랬다면 내가 이자와 함께 돈을 찾았을 것이다"라고 말했습니다. 주인은 그가 주어진 기회조차 활용하지 않은 것을 질책하고, 그 한 므나를 열 므나 남긴 종에게 주라고 명령했습니다.

### 등장인물 3. 끝까지 거부하다 심판받은 원수들

마지막으로 귀인은 자신이 왕이 되는 것을 반대했던 백성들을 향해 "내가 왕이 되는 것을 원치 않았던 저 원수들을 이리로 끌어다가 내 앞에서 죽이라"라고 선고했습니다. 이 백성들은 귀인을 거부한 것을 넘어, 적극적으로 그의 왕권을 방해하고 저항했던 자들이었습니다. 그들의 반대는 정당한 왕의 통치를 거부하고 대적한 반역 행위였습니다. 결국 귀인은 그들을 '원수'로 규정하고 준엄한 심판을 내렸습니다.

## 2. 열 므나 비유로 보는 하나님 나라
### '당장'은 아니더라도 '반드시' 오는 주인이 있는 나라

누가복음 19:11~12, 15
11 그들이 이 말씀을 듣고 있을 때에 비유를 더하여 말씀하시니 이는 자기가 예루살렘에 가까이 오셨고 그들은 하나님의 나라가 당장에 나타날 줄로 생각함이더라
12 이르시되 어떤 귀인이 왕위를 받아가지고 오려고 먼 나라로

이 비유를 말씀하실 때 듣고 있던 사람들은 하나님 나라가 당장 나타나기를 기대했습니다. '오늘이라도 메시아가 오셔서 로마의 압제에서 우리를 구원하시고, 이 고통스러운 현실을 끝내 주셨으면'하는 간절한 바람이 있었습니다. 그러나 예수님은 이 비유를 통해 하나님 나라는 반드시 오지만, 우리의 예상이나 바라는 때에 오지 않을 수도 있음을 가르치셨습니다.

귀인은 "왕위를 받고 다시 돌아오려고 먼 나라로 간다"라고 말했습니다. 일정한 시간이 소요될 가능성을 시사합니다. 그가 떠나고 여러 일이 일어났습니다. 특히 그의 왕권을 거부하는 백성들의 적극적인 반대가 있었습니다. 그럼에도 귀인은 예고한 대로 왕위를 받은 완전한 통치자로 돌아왔습니다. 하나님 나라도 이와 같습니다. 비록 그 시간이 더디게 느껴지고 상황이 악화하는 것처럼 보일지라도, 주님은 온전한 통치자로 반드시 다시 오시며 하나님 나라가 임할 것입니다.

- 당장 또는 우리가 원하는 시간은 아닐지 모름
- 하지만 반드시 오시는 주인 (그 누가 막으려해도)
- 떠나심은 오심의 시작이었음
- 오실 때는 완전한 통치권을 가진 왕으로 오심

## '믿음'과 '충성'이 있는 자에게 '사람'을 맡기는 나라

누가복음 19:17~19

17 주인이 이르되 잘하였다 착한 종이여 네가 지극히 작은 것에 충
성하였으니 열 고을 권세를 차지하라 하고

18 그 둘째가 와서 이르되 주인이여 당신의 한 므나로 다섯 므나를
만들었나이다

19 주인이 그에게도 이르되 너도 다섯 고을을 차지하라 하고

## 주인이 진정으로 알고자 했던 것

누가복음 19장 15절에서 귀인은 '은화를 준 종들이 각각 어떻게
장사하였는지를 알고자 하여' 그들을 불렀습니다. 그런데 주인이
진정으로 알고 싶었던 것은 얼마나 많은 이윤을 남겼는지가 아니
었습니다. 귀인은 종들이 자신의 명령에 어떻게 반응하고 행동했
는지, 주어진 상황 속에서 맡겨진 사명을 어떻게 감당했는지를 보

고자 했습니다.

## 종들이 이윤을 냈다는 것의 의미

여기서 한번 생각해 봅시다. 귀인의 종들은 누구를 대상으로 장사를 했을까요? 귀인이 떠나 있는 동안 종들은 주인을 미워하던 백성들을 대상으로 장사를 해야 했습니다. 이 백성들은 귀인을 싫어하는 수준을 넘어, 그가 왕이 되는 것을 막기 위해 사자를 보내 항의할 정도로 적극적으로 주인을 거부하는 사람들이었습니다. 이런 백성들은 귀인의 종들이 장사하는 것을 환영하지 않았을 것입니다.

주인의 귀환이 요원해 보이는 상황에서 종들이 직면한 환경은 분명 매우 척박했을 것입니다. 주인을 향한 불신과 적대감이 가득한 백성들 사이에서 종들은 꾸준히 거래를 시도하며 이윤을 남길 기회를 만들어야 했습니다. 이런 상황에서 종들이 이윤을 남겼다는 것은 단순히 장사 수완이 뛰어났다는 것만을 의미하지 않습니다. 이는 주인의 명령에 대한 순종과 함께, 주인이 반드시 왕위를 받아 돌아올 것이라는 종들의 굳건한 믿음을 보여줍니다. 더 나아가 그 믿음을 바탕으로 맡겨진 사명을 충성되게 감당했음을 의미합니다.

## 믿음과 충성이 있는 자에게 사람을 맡기는 나라

귀인은 돌아와 종들의 장사 결과를 확인한 후, 이윤을 남긴 종들에게 고을을 맡깁니다. 왜 주인은 종들에게 더 많은 돈이 아닌 고을을 맡겼을까요? 만약 귀인의 목표가 오로지 수익을 늘리는 것이었다면, 열 므나를 남긴 종에게 더 많은 자본을 맡겨 이윤을 계속 확대하도록 했을 것입니다. 그러나 주인은 믿음과 충성을 보인 종들에게 사람을 맡겼습니다. 고을을 맡는다는 것은 사람들을 책임지고 섬기는 일입니다. 주인은 종들의 장사 실력만 평가한 것이 아니라, 그들이 백성들과 어떤 관계를 맺었는지를 보았습니다. 칭찬받은 종들은 장사하며 주인을 대신해 백성들과 신뢰를 쌓고, 그의 마음을 충실히 전달하려 했을 것입니다. 결국 주인이 확인하고자 한 것은 종들의 능력이 아니라, 맡겨진 사명을 신실하게 감당할 수 있는지였습니다.

하나님 나라는 믿음과 충성이 검증된 자에게 사람을 맡기는 나라입니다. 하나님은 자신의 비밀과 백성을 신뢰할 만한 사람에게 맡기십니다. 고린도전서 4장 2절에서 사도 바울은 "맡은 자들에게 구할 것은 충성이니라"라고 말합니다. 주님은 우리의 중심과 태도를 보십니다. 그리고 믿음과 충성으로 사람을 섬기고 주님의 뜻을 따르는 자, 그분의 마음을 알고 신실하게 응답하는 자에게 당신의 백성을 맡기십니다.

# 3. 하나님 나라를 기다리며 오늘을 살아가는 충성

누가복음 19:9~11

9   예수께서 이르시되 오늘 구원이 이 집에 이르렀으니 이 사람도
    아브라함의 자손임이로다
10  인자가 온 것은 잃어버린 자를 찾아 구원하려 함이니라
11  그들이 이 말씀을 듣고 있을 때에 비유를 더하여 말씀하시니
    이는 자기가 예루살렘에 가까이 오셨고 그들은 하나님의 나라가
    당장에 나타날 줄로 생각함이더라

## 주님이 열 므나 비유를 말씀하신 시점

누가복음 19장의 열 므나 비유는 삭개오와의 만남 직후에 이어집니다. 삭개오는 세리로서 사람들에게 미움받고 배신자로 낙인찍힌 인물이었습니다. 그러나 예수님은 그의 집에 머무시며 그의 삶을 바꾸셨습니다. 삭개오는 자신의 소유 절반을 가난한 자들에게 나누고, 누군가를 속여 빼앗은 것이 있다면 네 배로 갚겠다고 결단했습니다.

이에 예수님은 "오늘 구원이 이 집에 이르렀으니 이 사람도 아브라함의 자손임이로다 인자가 온 것은 잃어버린 자를 찾아 구원하려 함이니라"라고 선포하셨습니다. 삭개오에게 임한 구원의 선언은 그 자리에 있던 사람들에게 충격을 주었습니다. 삭개오 같은 자에게까지 구원이 임한다는 사실을 불편하게 여겼지만, 동시에

이렇게 생각했을 것입니다. "만약 삭개오도 구원받을 수 있다면, 우리에게도 구원이 임하겠구나!"라고요.

더 나아가, 예수님의 '오늘'이라는 말씀은 그들의 기대를 더욱 부풀렸습니다. 당시 유대인들은 로마의 압제로부터 해방되기를 간절히 원했고, 예수님을 정치적 해방자이자 메시아로 바라보았습니다. 예수님께서 예루살렘으로 향하신다는 사실은 '진짜 지금 당장 하나님 나라가 나타나는 것인가?'하는 사람들의 기대를 한층 더 키웠습니다. 그들은 즉각적인 정치적·물리적 해방을 꿈꾸며 눈앞의 구원을 기다리고 있었습니다. 바로 이런 상황에서 예수님은 열 므나 비유를 말씀하셨습니다.

## 비유를 통해 주시는 교훈

하나님의 약속은 반드시 이루어지지만 사람들의 생각처럼 '당장'은 아닐 수 있습니다. 그렇다면 우리는 어떻게 살아야 할까요? 예수님은 "귀인이 빨리 돌아오기를 조급하게 바라라"고 말씀하지 않으셨습니다. 오히려 귀인이 반드시 돌아온다는 약속을 믿고 오늘 충성을 다해야 함을 강조하셨습니다. 하나님 나라는 수동적으로 기다리는 것이 아니라, 주어진 자리에서 능동적으로 살아가며 하나님의 뜻을 실천하는 것입니다. 그런 삶 속에서 하나님 나라는 더욱 분명히 드러납니다.

# Abby's Question

1. 하나님이 여러분에게 맡기신 므나(재능, 성격, 관계 등)는 무엇인가요? 지금 어떻게 사용하고 계신가요?

2. 지금까지 여러분이 남긴 므나는 무엇이며, 어떤 과정을 거쳐 그것을 남기게 되었나요?

# 에필로그

"끝으로, 나의 형제들아, 주 안에서 기뻐하십시오. 같은 말을 쓰는 것이 내게는 번거롭지 않고, 여러분에게는 안전합니다." 빌립보서 3:1
"It is no trouble for me to write the same things to you again, and it is a safeguard for you."

세 권의 여정 성경공부 교재 집필을 마무리하며, 이 말씀 구절이 눈에 들어왔습니다. 그리고 처음 여정 성경공부를 기획하고, 한땀 한땀 조심스럽게 콘텐츠를 만들어가던 때가 떠올랐습니다. 주말마다 아버지의 말씀과 마음을 나눈다는 긴장감에, 손에 땀을 흘리며 성경공부를 인도했던 3년 반의 시간도 생각났고요. 여정 멤버들과 함께 말씀을 나누고 그분의 본심을 헤아리며 지냈던 그 시간들은, 결국 다른 누군가가 아닌 저 자신에게 '안전장치'였습니다. 하나님과 멀어지지 않도록 저를 지켜주고 붙들어주었으니까요.

여정을 함께 공부한 멤버들은 여정 성경공부를 "말씀을 기반으로 삶을 회복시키는 안전한 공동체", "하나님의 말씀이 얼굴빛을 바꾸는 자리", "신앙이 일상으로 스며드는 경험", "하나님 나라를 함께 발견하는 시간"이라고 표현했습니다. 그 감사한 고백들 하나하나가 제게 큰 격려가 되었고, 교재 집필을 결심하게 된 계기가 되었습니다. 사람들이 하나님에 대한 오해를 말씀 안에서 풀고, 매일의 일상을 더 생기 가득하게 살아갈 수 있도록 무엇이라도 하고 싶다는 마음이 들었습니다.

사실 구정과 추석, 다시 이어진 구정까지 세 번의 연휴를 통째로 반납하고 글을 쓰는 것이 만만한 일은 아니었습니다. 회사 경영으로 쉼 없이 달려 충전의 시간이 필요했지만, 연휴를 반납하고 여정 교재를 쓴 것은 그분께 받은 깨달음의 은혜에 다만 충성으로 응답하는 저만의 방식이었습니다. 돌이켜보면, 이 모든 시작에는 아주 오래된 개인적인 경험이 하나 있습니다. 대학교 2학년 때 처음 성경을 받아 들고 하루도 빠짐없이 읽었지만, 1년이 지나도록 도무지 무슨 말인지 알 수 없어 속으로 '공부해도 성적이 안 나오는 책이라니, 이건 또 뭔가?'하며 당황하고 좌절했던 경험입니다. 저는 그때 성경이 그냥 책이 아니라 '알려주셔야 알 수 있는 진리'이며, '그분과 교제하는 책'이라는 걸 배웠습니다. 그 생생한 기억

이 있기에, 말씀을 깨닫게 해주시는 은혜가 얼마나 크고 귀한 선물인지 지금도 날마다 새롭게 감사합니다. 여정 교재는 그 선물을 받은 사람답게, 기쁨으로 나누고 싶다는 마음으로 써 내려갔습니다. 단어 하나, 문장 하나가 누군가에게 '깨달음의 연결고리'가 되기를 바랐습니다.

진심으로, 교재 집필은 온전히 은혜로 가능했습니다.
자격 없는 제게 이 모든 과정을 허락하신 하나님께,
평범하지 않은 라이프 사이클로 사는 저를
늘 인정하고 응원해 준 가족에게,
혼자였다면 중도에 멈췄을 이 여정의 길을
함께 고민하고 질문하며 기도로 동행해 준
공동연구진과 여정 멤버들에게 마음을 다해 감사드립니다.

마지막으로 여정 시즌 1~3, 이 긴 여정을 함께해 주신 독자분들에게도 깊은 감사의 마음을 전합니다.

우리, 주 안에서 계속 그분을 기뻐하며 이 길을 함께 걸어갑시다.

— 저자 이연임 (Abby)

(시 131:1~3)

¹ 여호와여 내 마음이 교만하지 아니하고 내 눈이 오만하지 아니하오며
내가 큰 일과 감당하지 못할 놀라운 일을 하려고 힘쓰지 아니하나이다

² 실로 내가 내 영혼으로 고요하고 평온하게 하기를 젖 뗀 아이가
그의 어머니 품에 있음 같게 하였나니 내 영혼이 젖 뗀 아이와 같도다

³ 이스라엘아 지금부터 영원까지 여호와를 바랄지어다

# 여정 Season 3. 성도의 삶

**초판 1쇄 발행**   2025년 5월 2일
**지은이**   이연임
**기획**   정강욱 이연임
**편집**   백예인
**디자인**   김형진
**일러스트레이션**   김상민
**출판**   리얼러닝
**주소**   서울시 마포구 어울마당로1길 18, 2층
**전화**   02-337-0333
**이메일**   withreallearning@gmail.com
**출판등록**   제 406-2020-000085호
**ISBN**   979-11-991584-1-2